De buen rollo

DE BUEN ROLLO

dve
PUBLISHING

© Editorial De Vecchi, S. A. 2018
© [2018] Confidential Concepts International Ltd., Ireland
Subsidiary company of Confidential Concepts Inc, USA
ISBN: 978-1-64461-081-7

Índice

Introducción

Los chistes son, en muchos casos, la caricatura de nosotros mismos, de nuestro temperamento, de nuestros complejos y de nuestros defectos, en definitiva, de nuestra idiosincrasia individual, pero también colectiva. Sin pretender ofender a nadie, este compendio de chistes viaja por la geografía española con el firme propósito de robar la carcajada del lector, o su sonrisa.

La imagen que el mundo tiene del español es la de un tipo divertido y chistoso, en contraposición a la seriedad y frialdad del nórdico, pero el tópico va más allá, porque también hay notables diferencias entre los propios españoles.

Como se trata de reírse de uno mismo, andaluces, maños, gallegos, vascos, catalanes, madrileños y leperos se cuelan en estas páginas desplegando toda la comicidad de los rasgos tópicos que se les atribuyen en el resto del territorio español para deleite del lector.

De los andaluces se dice que son bromistas, exagerados y holgazanes. Y ellos dicen de sí mismos que se ríen hasta de su propia sombra, porque son los más graciosos entre los graciosos. Parece que la exageración es el rasgo que caracteriza a los andaluces.

Y si existen andaluces caricaturizados hasta la saciedad, esos son los leperos, protagonistas por antonomasia de mil y un chistes. En Lepe chistes y fresones se disputan el primer lugar en el *ranking* de productos autóctonos más apreciados y exportados a todo el mundo. La supuesta simplicidad del lepe-

ro ha inspirado la picaresca popular, con tal abundancia que ha sido indispensable dedicarle un capítulo entero en este libro.

Esa misma picaresca ha jugado al gallego una «mala pasada» porque lo ha pintado como ingenuo, candoroso y simple, yéndole a la zaga al lepero en «pobreza» de inteligencia. Pero los gallegos tienen algo de lo que carecen los leperos: las meigas, «que haberlas haylas», y que meten su nariz en alguna de estas páginas.

¿Y qué dice el tópico sobre los catalanes? Los tacha de tacaños y negociantes, siempre ojo avizor. Avaros, interesados y ahorradores, jóvenes y viejos, hombres y mujeres, pero siempre catalanes, todos aparecen, porque eso es lo que dispone el inventario popular. Y no podía faltar una pequeña pero representativa muestra de una rivalidad tradicional: catalanes *versus* madrileños, madrileños *versus* catalanes, porque hay divertidos ejemplos en las dos direcciones.

Si en los chistes hay un rasgo que distingue a los madrileños del resto de los mortales, españoles o no, es la chulería. El chulo madrileño de los chistes se ve a sí mismo dotado de una excelencia y una superioridad indiscutibles, que lo erigen como el vacilón por excelencia. Si a esa prestancia se suma la peculiaridad del habla, obtenemos un inventario de chistes, también incluidos en estas páginas, que caricaturizan a los de la capital.

En contraposición a los habitantes de la capital aparecen los baturros de Aragón, provincianos pintados en los chistes como paletos y algo brutos; caracterizados también por el grado de cabezonería, alto, aunque no tanto como el de los vascos.

Sin duda, los reyes de la testarudez, según el tópico, son los vascos, que como tal son retratados en abundantes chistes. Tozudos, pero también brutos hasta la exageración, y presuntuosos, por lo que protagonizan chistes realmente desternillantes.

La caricaturización de todos esos rasgos que caracterizan a muchos de los habitantes de nuestro país, el andaluz exagerado, el gallego simple, el catalán tacaño, el madrileño chulo, el baturro testarudo, el vasco bruto, lleva a la hilaridad, pero sin pasar por la ofensa, nada más lejos de nuestra intención, porque, como dijo Groucho Marx: «La risa es una cosa muy seria».

Andaluces

De tal palo

El padre, desde el sofá, se dirige al hijo:
—Shiquillo, asómate a la puerta pa ver si está lloviendo.
Y el hijo le contesta:
—Cusha, papá, ¿por qué no llamamos al perro pa ver si entra mojao?

Sin prisas

Pepe, el gaditano, está descansando tranquilamente en el patio de su casa. De repente, llama a su mujer:
—¡Niña! Tráeme el antídoto, que ahí viene un alacrán.

El galgo

Un sevillano dormita con su perro galgo al lado, que también está adormecido. Por delante de ellos pasa una liebre corriendo. A los diez minutos, el galgo ladra:
—¡Guau!
Pasan otros diez minutos y el andaluz replica:
—¡Quieeeeto, raaaayo!

Discusión

Están tres andaluces tumbados a la bartola frente a una autopista y pasa un coche a toda velocidad: «¡Ñiaooouum!».
A la media hora dice uno:
—Era un Porsche.
Al cabo de una hora le replica otro:
—No, era un Ferrari.
Y pasadas tres horas dice el tercero:
—Me voy, no aguanto las discusiones.

Pereza

Un andaluz está tumbado al sol. Por su lado pasa otro andaluz. El que está tumbado le pregunta:
—Cusha, shiquillo, ¿tengo la braqueta abierta?
—No.
—Pues entonces mearé mañana.

Deja para mañana...

Pepe, un andaluz que ha estado trabajando en Cataluña, regresa a su ciudad y se encuentra con un amigo:
—Hombre, Pepe, ¿qué tal te ha ido por Barcelona?
—Estupendo, shiquillo, allí hay mucho dinero, mucho trabajo, el dinero en Cataluña llueve, te lo juro por mi padre.
—¿Sí? Estoy pensando en ir yo también.
—Pues no te lo pienses más y vete, porque es el paraíso, allí es que llueve el dinero, llueve.
El amigo decide ir a probar suerte a Cataluña. En la estación de Sants, al bajar del tren, encuentra en el suelo un billete de diez euros. Se lo mira tranquilamente y se dice: «Bueno, ya empezaré a trabajar mañana».

Trabajo tranquilo

La mujer, harta de lo vago que es su marido, le grita:
—¡Eres un sinvergüenza! ¡Siempre estás durmiendo!
A lo que él replica:
—Ya sabes que no me gusta estar sin hacer nada...

El guardián del cementerio

Un andaluz encuentra trabajo como guardián de un cementerio. Un día se encuentra con un amigo y se lamenta:
—¡Qué vida tan perra la mía! To er día leyendo: «Aquí reposa fulano de tal», «Aquí descansa el alma de mengano»... Allí, el único imbécil que trabaja soy yo.

Primer empleo

El director al nuevo empleado:
—En mi oficina, querido joven, exijo que se trabaje las ocho horas.
—Muy bien, señor, ¿en cuántos días?

En la oficina

El director de una oficina en Málaga se dirige a un empleado:
—¡Otra vez llega usted tarde, Martínez! ¿Es que todavía no sabe a qué hora empezamos a trabajar aquí?
—Pues la verdad, no. Como cada vez que vengo han empezado ya...

La fuerza de la costumbre

Pepe se sienta una mañana junto a la mesa del comedor, fumando y leyendo tranquilamente el periódico.

—¿No vas a la oficina hoy, mi arma? —le pregunta su mujer.

—¿A la oficina? ¡Ah, claro! —exclama Pepe, levantándose—. Creía que ya estaba allí.

En la oficina, de nuevo

—¡Llega usted con retraso esta mañana, Sánchez!

—Sí, señor. Lo siento, me he quedado dormido.

—¡Caramba! Así que usted también duerme en su casa...

Mal ejemplo

Una andaluza le comenta a su marido, que es un holgazán:

—¿Sabes que Felipe trabaja?

—¡Qué asco! —comenta el marido—. Hay gente que por dinero es capaz de todo.

¡Qué calor!

—En zonas tan calurosas lo normal es que la gente duerma de día y trabaje de noche.

—Pues en Cádiz hemos solucionado ese problema.

—¿Cómo?

—Con el aire acondicionado.

—O sea, que trabajáis de día y dormís de noche.

—No, shiquillo, dormimos de día y de noche.

El jefe

El jefe entra en la oficina y mira a su alrededor. De repente, se dirige a uno de sus empleados:

—¿Cuántas veces le he dicho que no quiero oír silbar durante el trabajo, García?

—Pero, señor, si yo no trabajo, ¡solamente silbo!

Uno de toros

Al terminar la corrida de toros:

—Maestro, ¿acaso le tenía miedo al toro?

—No, no; sólo me estaba entrenando para la maratón.

Urgencia

—Buenos días, señora, soy el fontanero. Vengo a arreglar unos grifos del cuarto de baño.

—¡Pero si no están estropeados!

—¡Cómo! ¿No es usted la señora López?

—No, soy la señora Carmona. Los señores López se mudaron hace tres meses.

—¡Vaya, hay que ver cómo es la gente! Llaman al fontanero para que les arregle urgentemente unos grifos y cuando llega ¡no están!

Alumnos vagos

Tres alumnos de una escuela de Utrera están reunidos en el recreo y hablan de los profesores:

—Pues a mí no me gusta el profesor de inglés —comenta uno de los chicos.

Al cabo de media hora:

—A mí el que menos me gusta es el de matemáticas —dice el segundo.

Pasa un buen rato y el tercero dice:

—¿Queréis dejar de molestar con vuestra charla? ¡Parecéis loros!

El aprendiz

Un mecánico ha contratado a un chico para que le ayude en el trabajo. Este no tiene ganas de hacer nada y es muy lento. Un día, harto ya, el mecánico le pregunta:

—Pero, shiquillo, ¿hay algo que sepas hacer deprisa?

—Sí, señor, ¡cansarme!

Jornaleros

—¿Sabes cómo trabajan los jornaleros en Andalucía?

—No, ¿cómo?

—Pues se levantan de la cama a las doce, desayunan tranquilamente, se van al casino, piden el ajedrez y se ponen a hacer peonadas con el alcalde.

Primer trabajo

Un andaluz nunca duraba más de dos semanas en un mismo trabajo, pero siempre conseguía otro y vuelta a empezar. Y es que, como él mismo decía, era un hombre de principios.

Otro de toreros

En la enfermería de La Maestranza:

—¿Ha visto usté ese toro, compare? —dice el torero malherido—, el muy cobarde me ha atacao por la espalda.

Las palmas

En la mili, el capitán pasando lista:
—¿José Pérez?
—Presente.
—¿Luis Grijalbo?
—Presente.
—¿Arturo Fernández?
—Está de juerga.
El sargento se queda muy sorprendido:
—¡De juerga!, ¡vaya cashondeo!, ¡el día que pille a este tío se va a enterar!
Así se van sucediendo los días y durante un mes el tal Arturo Fernández está de juerga siempre, hasta que un día:
—¿José Pérez?
—Presente.
—¿Luis Grijalbo?
—Presente.
—¿Arturo Fernández?
—Presente.
—¿Qué?, ¿presente?, ¡vaya!
El sargento da dos palmadas, con cara de enfado, mientras dice:
—¡Hombre, hombre, señor Fernández, pero si ha venido!
El soldado contesta al tiempo que empieza a taconear:
—¡No me toque las palmas, no me toque las palmas, que me conozco!

Altos vuelos

El arzobispo de Sevilla hizo un viaje en avión. Al despegar, le pidió a su ayudante que le sirviera una copita de vino. Al rato lo llamó para preguntarle:
—¿A qué altura vamos?
—Mil quinientos pies.

—Pues sírvame otro vinillo.

Se lo terminó y volvió a preguntar sobre la altitud. Presto, su ayudante le dijo:

—Cinco mil pies de altura.

—Ah, ponme otro vinillo.

Poco después se repitió la interrogación:

—¿A qué altura vamos?

—A diez mil pies. ¿Le traigo otro vinillo?

—No, ¡pronto, un agua mineral! A esta altura ya puede vernos el jefe.

El huevo frito

Una familia de andaluces pobre, muy pobre, pero tan pobre que sólo disponía de un huevo frito para comer. Se sentaron todos, el matrimonio y los cinco hijos, alrededor de la mesa con el huevo puesto en un plato en el centro y por turnos iban mojando un palillo en la yema y lo chupaban. De repente, uno de los hijos le dice al padre:

—¡Papá, papá, que Antoñito ha mojao el palillo dos veces!

Y el padre contesta:

—Déjalo, shiquillo, a ver si revienta...

La magdalena

Un andaluz va a un bar y pide un café con leche y una magdalena. Mete la magdalena en el café para mojarla y suena «ssssluuuuurrrpsss», la magdalena chupa de golpe todo el café con leche y la taza se queda completamente vacía. El cliente se dirige al camarero y le dice:

—Cusha, shiquillo, a mí me pones otro café con leche, y a la magdalena, lo que pida.

La Giralda

Un sevillano vuelve a su tierra después de haber pasado una semana en China. A su lado, en el avión, viaja un chino. Cuando están sobrevolando la gran muralla, el chino se dirige a él:

—¿Vel aquella glan mulalla?

—Pos sí.

—¡Constluilse en sólo un año!

—¡Aaaah!, pues güeno, shiquillo, ¡vaya proesa!

Cuando el avión sobrevuela Sevilla, justo por encima de la Giralda, el sevillano le dice al chino:

—Cusha, shiquillo ¿tú vé aquella torre de allí?

—Sí, yo vel.

—Pos cuando yo me fui hase una semana toavía estaban hasiendo la masa.

Alojamientos

Tres jóvenes andaluces están hablando sobre sus respectivas habitaciones.

—La mía es tan xica que cuando me desnuo tengo que sacar los brasos por la ventana.

—Pos la mía —dice el segundo— es tan pequeña que cuando estoy enfermo y er médico me pide que le enseñe la lengua, la tengo que sacar ar pasillo.

—To eso no es ná —exclama el tercero—. Figuraos que la mía es tan pequeña, tan pequeña, que cuando entra er sol tengo que salir yo.

El eco

Un inglés visita Granada y comenta con el guía que le acompaña en su recorrido por la ciudad:

—Mire, usted, en la torre de San Pablo de Londres repercute la voz de tal manera que si dice: «¡Ecooooo!», responde igual.

El guía, pareciéndole una exageración, replica:

—Bah, ezo no ez ná pa l'Alambra, que pazo yo por allí y digo: «¡Ecooooo!», y me rehponde el eco: «Vaya uzté con Dio, zeñó González».

Pescador

Dos pescadores andaluces alardean de sus capturas:

—El otro día —afirma uno de los contertulios muy seriamente— pesqué un besugo que medía sincuenta sentímetros...

—¡Bah, eso es un chicharro! Yo... —le interrumpe el otro.

—¡Déjame hablar, hombre! Sincuenta sentímetros de un ojo a otro.

Exagerados

Dos andaluces discuten sobre la extensión de sus pueblos. Dice el primero:

—Pues en mi pueblo hay un cortijo tan grande que cuando su dueño sale el lunes a caballo para inspeccionarlo, si no se para en ningún sitio no regresa hasta el sábado.

—¡Bah, eso no es na! —replica el otro—. En mi tierra hay granjas donde se manda a los recién casados a ordeñar las vacas y sus hijos vuelven con la leche...

Pues si se trata de mentir...

Se encuentran dos andaluces:

—¡Hombre, Manolillo! ¿Qué tal el fin de semana? ¿Has ido a la playa, no?

—Pues, sí, fui a la playa con mi mujer y los niños, y en esto que estando al lao de la ría, donde se ponen los pescadores, se me caen unas migas del bocadillo que iba comiendo y veo que los peces se desesperan por comerlas; y ni corto ni perezoso saco la salchicha del bocadillo, la meto en el agua y se prende un besugo. Tiro de él y lo saco del agua. ¡20 kg pesaba!

—¡Vaya pedazo de bicho!

—Pues como lo oyes, ¿y tú?

—¡Calla, no me hables que estoy en un lío tremendo!

—¿Qué te ha pasao?

—Pos na, que me fui a cazar y se me apareció un ciervo. Sin pensarlo dos veces le apunté y lo dejé seco.

—Pero ¿no estamos en veda?

—¡Claro! Ahí empezó el lío. Además, cuando me acerqué resultó que era una hembra y que estaba preñá. Cogí una pala y me puse a cavar un agujero pa enterrarla, pero cuando ya estaba casi listo, apareció el guarda.

—¡Qué multa te habrá puesto!

—¡Qué va! Nervioso como estaba no se me ocurrió otra cosa que pegarle dos tiros.

—¡Aaaaaah! ¡A la cárcel, Manolo!

—Que no. ¿No ves que tenía hecho un hoyo? Pues na, con enterrar al guarda junto con el ciervo se acabó el problema.

—Vas a ir a la cárcel por burro, Manolo.

—¡Ssshh! ¡Habla más bajo! Lo malo fue que cuando estaba metiendo al guarda en el pozo apareció una pareja de policías.

—¡Aaaay! ¿Qué hiciste, Manolo?

—¿Qué quieres? ¿Que me metan en la cárcel? ¡Les pegué cuatro tiros a los dos! Total, con hacer más grande el agujero...

—¡Aaaaayyyy! ¡A la cárcel pa toda tu vida, Manolo!

—¡Ssshh! ¿Quieres hablar más bajo? Lo peor fue que cuando estaba agrandando el agujero se acercó por la carretera un autobús y al ver el coche se paró. Era un autobús lleno de turistas ingleses. ¿Lo puedes creer, Federico?

—¡Ay, no me embromes, Manolo, que te conozco! A ver, ¿qué les hiciste a los turistas?

—Mira, Federico... ¡Ya le estás quitando kilos a tu maldito besugo o yo me cargo a todos los ingleses ahora mismo!

Limosna

Dos andaluces:

—En mi pueblo la economía está tan mal que el limosnero mudo pide limosna a gritos.

—Eso no es na, en mi pueblo están tan mal las cosas que el limosnero manco te coge con las dos manos y no te suelta hasta que le das algo.

Nunca se dice poco

Dos andaluces hablan en la tertulia del café sobre el mal servicio en los coches de alquiler.

—Ayer, sin ir más lejos —dice el primero—, tomé un coche. Pues bien, era el caballo tan viejo que tuvo que ir el cochero delante de él enseñándole un gran puñado de cebada para que anduviese.

—¡Psh! Eso no es na —añade el otro—. A mí me ha ocurrido no solamente eso, sino que he tenido que ir delante del cochero enseñándole una botella de aguardiente para que corriese él y obligase a correr al caballo.

Cuerdas de guitarra

Un andaluz entra en una tienda y dice:

—Quiero dos cuerdas de guitarra.

—Perdone, señor, pero esto es una droguería.

—¡Quiero dos cuerdas de guitarra!

—No sé si me ha entendido, pero esto es una droguería, supongo que tendrá que ir a un comercio especializado.

—¡Quiero dos cuerdas de guitarra!

—Se lo diré claramente para que usted lo entienda: aquí no tenemos cuerdas de guitarra.

—Entonces, ¿para qué ponen en el escaparate «Artículos de tocaor»?

En el puerto de Cádiz

Manuel encuentra a Paco que acaba de desembarcar:
—Hola, Paco, ¿de dónde vienes?
—De Groenlandia.
—¿De Groenlandia? Shiquillo, por ahí no debe de hacer mucha calor.
—¿Calor dices? Hacía tanto frío que tenía que ponerme los guantes para lavarme las manos.

Resfriado

Juanito, después de haber estado en cama durante una semana con un resfriado mayúsculo, vuelve al colegio. El maestro, preocupándose por su salud, le pregunta cómo se encuentra:
—Muy bien, llevo tanta penicilina en el cuerpo que si estornudo, en vez de contagiar a algún compañero lo curo.

En el circo

Dos andaluces que han ido al circo:
—Ayer estuve en el circo y actuó un hombre tan alto que para rascarse la cabeza tenía que arrodillarse.
—Eso no es nada. Yo vi a un enano tan bajo que para escupir al suelo tenía que subirse a una escalera.

Después de un safari

Dos amigos hablando de sus vacaciones de verano:

—¡Osú, chiquillo, he estado en el Sahara y no veas qué calor! El vestido que llevas parece que está ardiendo.

—¡Bah, eso no es nada comparado con el calor que hace en el Senegal! Imagínate que a mi regreso tuve que ir al dentista.

—¿Al dentista? ¿Por qué?

—Sí, porque se me habían fundido las tres muelas de oro.

Londres

Los mismos andaluces hablando esta vez de las vacaciones en Londres:

—Cuando estuve yo, había una niebla tan densa que no se veía a diez centímetros de distancia.

—Eso no es nada, cuando yo estuve, era tan intensa que ni siquiera se veía la niebla.

Tierra fértil

—En mi pueblo la tierra es tan fértil que si se te cae un mondadientes al suelo, al cabo de un mes hay un bosque.

—Eso no es nada, en mi pueblo cae un botón al suelo y al cabo de dos días encuentras un traje hecho.

Obesos

—Tengo un tío tan gordo, tan gordo, pero tan gordo, que podría exhibirse en un barracón de feria.

—No debe de ser tanto como mi primo. El otro día la ambulancia vino a recogerlo para llevarlo al hospital y tuvo que hacer dos viajes.

El dependiente exagerado

—¿Son frescos estos huevos?

—¿Que si son frescos? ¡Imagínese que la gallina todavía no se ha dado cuenta de que se los hemos quitado!

Mira si era feo...

Dos andaluces:

—Oye, ¡pero mira que es feo tu chaval!

—Va, no me preocupa, porque los niños después dan mil vueltas.

—Pues yo creo que el tuyo ni gastando mil duros en el tiovivo.

Accidentado

Se encuentran dos amigos. Uno de ellos va lleno de heridas, tiritas y rasponazos. El otro se interesa:

—Pero, Manolo, ¿qué te ha pasado?

—¡Calla, chiquillo, que el otro día me pillaron diez motocicletas y me fueron arrastrando unos veinte metros!

—¡No me digas!

—Sí, sí. Y luego vino un turismo y me dio dos vueltas de campana en el aire.

—¡Qué palo!

—Y lo peor fue el avión en vuelo rasante. Me cogió con un alerón y me arrastró 300 metros.

—¡Leches, tío! Lo de las motocicletas pasa, lo del turismo todavía me lo creo, pero...¡lo del avión! ¡Por ahí no paso!

—Sí, pues suerte que pararon el tiovivo, porque si no, me pillan también la ballena y el coche de bomberos.

Nacimiento y bautizo

En cierto bar sevillano, están tomando unos chatos de manzanilla varios «compares». Uno de ellos, queriendo tomar el pelo a Juan, un andaluz de mucha gracia y muy embustero, le pregunta:

—Oye, compare, tú que sabeh tantah cosah, ¿conoseh er nasimiento der Guadarquivir?

Y Juan, que se da cuenta de la broma del otro, responde:

—Hombre, tanto como er nasimiento, no, porque me entretuve en er camino. Pero, en cambio, llegué ar bautiso...

Uno de policías

Hay un congreso internacional de policías en Sevilla, y están un policía estadounidense, uno inglés y un guardia civil tomándose un finito en una tasca durante un descanso. El policía americano se abre un poco la camisa, muestra una cicatriz de 10 cm y dice (con acento):

—New York *city*.

El policía inglés se remanga la camisa, muestra una cicatriz que da miedo verla y dice (también con acento):

—London *city*.

Por último, el guardia civil se baja un poco los pantalones y mostrando una pequeña cicatriz dice:

—Apendi-siti.

La Macarena

Un andaluz y un inglés se van de crucero por el Caribe y en una tormenta tropical el barco se hunde. Consiguen agarrarse a un trozo de madera en medio del mar. El andaluz grita:

—Virgen de la Macarena, ¡éshame un cable!

Se abre el cielo, aparece un cable y el andaluz sube hasta el cielo.

El inglés, extrañado, grita (con acento):

—¡Virrguen *of the* Macarrena, *send me* a cable!

Se abre el cielo, aparece la Virgen y dice:

—Lo siento, pero no sé inglés.

Semana Santa

Dos andaluces, que tienen fama de exagerados, hablando:

—El otro día canté una saeta en la procesión y me salió tan bien que la Virgen lloró.

—Para cante bueno, el mío —dice el otro—, que se bajó el Cristo de la cruz y me dijo: «Tú sí que cantas bien, ¡no como el de ayer que hizo llorar a mi madre!».

El cuñado

—Mi cuñao es tan perezoso que nunca se sienta.

—¡Cómo va a ser perezoso si nunca se sienta!

—Muy fácil, porque siempre está acostao.

El sermón dominical

Un cura sevillano, algo exagerado, diciendo su sermón:

—Hoy voy a hablarles del milagro que hizo Jesús cuando dio de comer a sus doce apóstoles con siete mil peces, siete mil panes y siete mil litros de vino.

—Por Dios, Padre, que eso no es un milagro —le respondió un feligrés.

—¿Cómo qué no? ¡Si se lo acabaron todo y ninguno se indigestó!

Envidia

Una andaluza le dice a otra:
   —Tú te casaste de penalti.
   Y la otra le contesta:
   —Sí, sí, pero tú ni en el tiempo extra.

Papas

Una madre andaluza le dice a su niño:
   —Ay, mi niño, ya no vas a comer más papas, que eso es plato de pobres.
   Y el niño, loco de contento, le dice:
   —¿Y qué vamos a comer ahora, mamá?
   —Pues patatas, niño, que suena más fino.

Pobres de verdad

Una familia muy pobre:
   —¡Niño, coge el botijo! —dice el padre.
   —¿Es que nos mudamos?

¿Exagerado?

Un andaluz le dice a otro:
   —Shiquillo, te he dicho doscientas sesenta y ocho millones quinientas noventa y siete mil setecientas cincuenta y tres veces que no seas exagerado.

Catalanes

En una tienda de paraguas

—¿Cuánto vale este paraguas? —pregunta el catalán.
  —Seis euros, señor.
  —¿Por menos, qué puedo encontrar?
  —La lluvia.

Los chinos

Dicen que la final del juego de los chinos, que se celebraba en Cataluña, tuvo que suspenderse porque el concursante catalán se negaba a abrir la mano.

El cambio

—¿A cuánto está el dólar?
  —A 1,12 euros.
  —¿A cuánto me ha dicho?
  —A 1,15.

Regalo a los novios

Dos amigos que han ido a la misma boda hablan de los regalos que han hecho a los novios:

—Yo les he regalado un frutero de plata. ¿Y tú?

El otro, que es catalán, contesta:

—Yo he completado el regalo: les he regalado un kilo de fruta.

Tarifas móviles

—¿Cuánto cuesta una habitación para una noche? —pregunta un cliente al recepcionista de un hotel de la Costa Brava.

—Cincuenta euros, señor.

—Perdone, pero si mal no recuerdo, este verano pagué por ella cuarenta y cinco.

—Sí, claro, pero es que en verano las noches son más cortas...

Catalán accidentado

Va un catalán en un Ferrari a 250 km/h por una carretera comarcal y sufre un aparatoso accidente. El coche queda destrozado, y el hombre, aprisionado entre los hierros y con gravísimas heridas. Cuando llega la ambulancia, tras un largo rato rescatan al catalán, inconsciente, y se lo llevan a toda velocidad. Por el camino el hombre empieza a recobrar el sentido:

—¡Mi Ferrari!, ¡mi Ferrari! ¿Qué le ha pasado a mi Ferrari? ¡Aaaaaah!, ¡que alguien me lo diga! ¡Mi Ferraaaaaaaaaariii!

El enfermero, ya harto, le dice:

—¡Pare ya con el Ferrari! ¡Ha tenido un accidente gravísimo, ha perdido el brazo izquierdo y sólo se preocupa del coche!

—¿El brazo izquierdo? ¡Mi Rolex!

El catalán borracho

Un catalán salía de su casa con una botella de güisqui en el bolsillo posterior del pantalón, resbaló y cayó de espaldas. Al levantarse, notó que estaba húmedo.

—¡Señor, por favor —exclamó, mirando al cielo—, haz que sea sangre!

Olvido

—Oye, ¿no te acuerdas de los cien euros que me debes? —le dice Consuelo a su compañera Lara.

—Pues sí que me acuerdo, pero si te esperas a la semana que viene ya lo habré olvidado.

Uno más de la familia

La señora Fernández le dice a su criada:

—Mira, Matilde, llevas veinte años a nuestro servicio y ha llegado la hora de que te consideremos como de la familia. Por lo tanto, desde el mes que viene no te daremos sueldo.

No es lo mismo

Una familia de catalanes está veraneando en la costa. La madre dice a uno de sus hijos:

—¡*Fill meu*, no te metas tanto en el mar que puedes ahogarte!

—Mamá, pero si estoy a la altura de papá —responde el chico.

—Sí, pero tu padre tiene seguro de vida...

Remedio seguro

—¿Sabes cuál es el sistema para hacerle pasar el mareo a un catalán?

—No.

—Es muy simple: basta colocarle una moneda de un euro entre los dientes.

Si lo hubiera sabido

Martí compra un pasaje para irse a Estados Unidos. Al llegar a Nueva York se detiene en el puerto, contemplando la ciudad desde allí. De pronto oye un ruido tras él, se vuelve y ve que un buzo sale del agua trabajosamente.

—¡Caram! —se dice amargamente—, ¡si yo hubiera sabido que también puede venirse a pie...!

Hombre ahorrativo

—¡Debes de haberte divertido mucho en Madrid!

—No salí de la habitación del hotel ni una vez.

—¿Por qué?

—Porque me costaba la habitación quince euros diarios y no iba a despilfarrarlos...

En el cine

Un catalán fue al cine con su novia. Mientras hacía cola en la taquilla, un amigo se le acercó cautelosamente y le murmuró al oído:

—No eres muy espabilado, *noi*. Cuando yo voy al cine con mi novia, la cito dentro de la sala.

—¿Por qué razón? —pregunta el otro, incrédulo.

—Porque de esta manera es ella quien paga su entrada.

—Yo no puedo hacer eso —respondió el primero.

—¿Y por qué no?, si es muy sencillo.

—Por la sencilla razón de que, si la cito dentro, ¿cómo hará mi novia para pagarme la entrada?

El catalán en el café

Un catalán llega a París. Es la primera vez que deja su país para visitar la capital de Francia, y algunas horas después de su llegada entra en un bar y pregunta cuánto cuesta un café.

—Un euro en la mesa —le contesta el camarero— y noventa céntimos si lo toma usted de pie.

—¿Y si me apoyo sobre una sola pierna?

En el taxi

El señor Massip iba en un taxi cuando advirtió que a pesar de haber llegado a su destino el vehículo no se detenía.

—¿Por qué no para usted? —gritó al taxista.

—No puedo —contestó este, angustiado—. ¡Se han roto los frenos!

—¡Por Dios! —contestó el señor Massip—. ¡Por lo menos pare el taxímetro!

Nota al director

El director de un periódico recibe esta nota desde Tarragona: «Señor director, si sigue usted publicando chistes sobre la tacañería de los catalanes, dejaré de pedir prestado su periódico a mis amigos».

Luz inútil

Muere la esposa de un catalán y varios amigos se quedan con él para acompañarlo en la noche del velatorio. De pronto, el viudo se levanta de la silla en que está sentado, enfrascado en sus pensamientos, y ante el asombro de todos va apagando las velas una por una.

—¡Cómo...! —exclama sorprendido uno de los presentes—. ¿La vas a dejar a oscuras?

Y el catalán contesta:

—Apago las luces porque son inútiles, ha salido la luna.

Reciclando

El catalán a su hijo:

—Toma, *nen*, trágate estas pastillas para adelgazar. Así podrás usar los pantalones del año pasado.

El catalán va de compras

Un catalán, muy rico, visita un concesionario de coches. Se acerca a un vendedor, que lo conoce, y le dice que está interesado en un espléndido coche deportivo.

—Es maravilloso —comenta el vendedor—. Lo que usted necesita, señor Dalmau. Tiene un motor potente, es un coche noble y lujoso... —y sigue enumerándole sus ventajas—. Además —concluye—, consume muy poco.

—¿Cuánto exactamente? —le pregunta el catalán.

—Con una cucharada de gasolina hace veinte kilómetros.

—Mmmm —pensativo el catalán—, pero ¿de las de sopa o de las de café?

¡A la estación!

Un catalán que sale del aeropuerto se decide a coger un taxi. Antes le pregunta al taxista las tarifas:

—¿Cuánto me cobra por ir a la estación de trenes?

—Pues saldrá por unos seis o siete euros, señor.

—¿Y el equipaje es aparte?

—No, el equipaje es gratis.

—Pues lléveme el equipaje que yo iré andando.

Todos hartos

—Pero, hombre, ¿es posible que sea usted tan tacaño?

—¿Yo? Eso es falso.

—Si dicen por ahí que en su casa todos tienen un hambre que se las pelan.

—Eso es falso, repito. En mi casa todo el mundo está harto. Mi mujer está harta de mí, yo estoy harto de ella, los criados están hartos de nosotros y nosotros estamos hartos de los criados.

La cena

—Gerardo, hombre, ¡cuánto tiempo sin vernos!

—Es verdad, Pep, hace más de un año que no nos vemos.

—¿Qué te parece si cenamos juntos esta noche y así charlamos de nuestras cosas?

—¡Estupendo!

—¿Dónde me invitas?

En la sopa hay una mosca

Están comiendo juntos un catalán, un francés y un chino. Los tres han pedido sopa y casualmente a los tres les ha caído una

mosca dentro. El francés la aparta suavemente y se dispone a comer la sopa, el chino se come la mosca. El catalán, que lo observa, se dirige al chino:

—Le vendo otra mosca.

—¿Cuánto vale? —pregunta el chino.

—Un euro —dice el catalán.

—Hecho.

Y el chino le compra la mosca. El catalán se dirige al francés y le pregunta:

—¿Me deja coger su mosca?

—No faltaba más.

Y al chino:

—Le vendo otra mosca.

—¿Cuánto?

—Dos euros.

—¿Por qué tan cala?

—Es que esta es de importación.

La gallina

Una gallina entra en el jardín de un catalán.

—Podemos comérnosla este mediodía —sugiere su mujer.

—Espera a mañana —dice el marido—, podría poner un huevo para el desayuno.

Naufragio

Una ballena se traga a un catalán, un chino, una silla y unas naranjas. Al día siguiente, unos pescadores capturan la ballena, la llevan a tierra, la abren y encuentran al catalán sentado en la silla y vendiendo las naranjas al chino.

Comida entre amigos

Un grupo de amigos planeaba una comida en común y cada uno debía comprometerse a traer algo.

—Yo llevaré el asado.

—Yo, la fruta.

—Yo, el vino.

Finalmente, quedaba un catalán al que preguntaron:

—¿Y tú?

—Yo traeré a mi hermano.

El céntimo

La mujer entra en el salón corriendo y le dice a su marido:

—Corre, Jordi, el *nen* se ha tragado un céntimo. ¿Llamo al médico?

—De ninguna manera, ¡no nos vamos a arruinar por un céntimo!

Entre catalanes

—Yo tengo una memoria prodigiosa, ¡cualquier cosa que me entra en la cabeza ya no se me olvida!

—Ya... y aquel dinero que te presté hace dos años, ¿cuándo lo recordarás?

—*Home*, aquel dinero no me entró en la cabeza, ¡sino en el bolsillo!

Luna de miel a la catalana

En el aeropuerto:

—¿Adónde vas, Narcís?

—A Italia, en viaje de bodas.

—Pero... ¿y tu mujer?

—Ella se queda en casa, porque en Italia ya ha estado.

Biografías

¿Cuál es el libro más breve del mundo?

Aquel que recoge las biografías de los catalanes generosos.

La invitación

Dos catalanes se encuentran en la calle.

—¿Cómo te encuentras, Jordi?

—Muy mal, el médico me ha prohibido que coma casi de todo, pues me ha encontrado una úlcera de campeonato.

—Hombre, a ver qué día vienes a cenar a casa y así te animamos un poco.

Un catalán en una tienda

Entra un catalán en una tienda y se fija en un crucifijo:

—*Bon dia*, ¿cuánto vale el crucifijo?

—20 euros.

—¿Y sin el gimnasta?

El payés catalán

Un payés catalán le pregunta a otro:

—Oye, Manel, ¿tus árboles dan fruta?

—Si me entero que dan algo, los corto...

Entre amigos

Dos amigos catalanes van por la calle y ven venir una mujer impresionante. Uno le dice al otro:
—¡Mira qué mujer! ¿No te la llevarías a la cama?
—¡Oye, que es mi mujer!
—Bueno, pagando, quise decir pagando...

Frío

¿Qué hace un catalán si tiene frío?
Se pone al lado de la estufa.
¿Y si tiene mucho frío?
La enciende.

La tirita

¿Qué hace un catalán si se encuentra una tirita?
Se hace un corte para aprovecharla.

En la farmacia

Un hombre acaba de salir de una farmacia, cuyo propietario es catalán, y el farmacéutico sale corriendo detrás de él. Lo alcanza y con voz entrecortada por la carrera que se ha pegado, le pregunta:
—Perdone, acaba usted de comprar una aspirina en mi tienda.
—Sí, ¿cuál es el problema?
—Pues que le he dado estricnina en vez de aspirinas.
—Y ¿cuál es la diferencia?
—Bueno, que cuesta un euro más.

Papel pintado

Un catalán, que está arrancando el papel pintado de su casa, recibe la visita de un amigo que le pregunta:
—Qué, ¿redecorando la casa?
—No, de mudanza.

El frigorífico

¿Sabéis por qué un catalán nunca compra un frigorífico?
Porque no puede estar seguro de si la luz se apaga al cerrar la puerta.

El hilo de cobre

¿Cómo se inventó el hilo de cobre?
Dos catalanes tirando de una moneda.

Anillo de matrimonio

Un catalán se encuentra con un amigo:
—Pero, Joan, ¿dónde esta tu anillo de matrimonio?
—Es que esta semana lo lleva mi esposa.

Catalanes en Tierra Santa

—¿Cuánto cuesta la travesía por el lago?
—Diez dólares.
—¡Eso es un abuso!
—Piense que Jesús anduvo por estas aguas.
—¡No me extraña! Con estos precios...

El refugio

Hay una familia de catalanes practicando alpinismo. De repente, les sorprende una tormenta pero logran llegar hasta el refugio. A los dos días llega el equipo de rescate y llaman a la puerta:
—Knock, knock.
—¿Quién es?
—La Cruz Roja.
—¡Pues aquí ya hemos dado, eh!

El martillo

Esto es un padre catalán que le dice a su hijo:
—Anda, *nen*, ve a casa del vecino y dile que nos deje el martillo.
El niño va al vecino y vuelve enseguida.
—Papa, dijo el vecino que no nos deja el martillo, porque se le gasta.
—Ay, *fill*, hay que ver lo tacaños que son algunos, ¿eh? Bah, anda, saca el nuestro.

Tomando ejemplo

El hijo de un catalán le dice a su padre:
—¡Papá, papá, he venido de la escuela corriendo detrás del autobús y así me he ahorrado un euro!
Y le replica el padre:
—¡Tonto, haber venido corriendo detrás de un taxi y te hubieras ahorrado tres euros!

La esquela

Un catalán se dirige al periódico para poner una esquela:
—*Bon dia*, mi mujer ha muerto y quisiera poner una esquela.

—Muy bien, díganos el texto que quería poner.

—«Montserrat ha muerto».

—Si quiere puede alargar el texto porque las cinco primeras palabras de cualquier anuncio son gratis.

—Entonces ponga «Montserrat murió. Vendo Opel Corsa».

El charco

Un catalán está arrodillado en un charco, arremangado.

—¿Qué haces, Pep?

—Que se me han caído dos euros y los estoy buscando.

—¡Por dos euros! ¡Hombre, si se te hubiera caído un billete!

—¡Entonces me bebo el charco!

Vacaciones

Dos moscas hablando:

—Estas vacaciones me voy a ir al interior de la Península.

—Pues yo me voy a ir a la Costa Brava a coger un bronceado de envidia.

Pasan los días y se vuelven a encontrar. La mosca que decía que iba a ir a la costa a broncearse está blanca.

—¿Pero no decías que te ibas a ir a la Costa Brava?

—Sí, y fui, pero me metí en el bolso de una catalana ¡y no lo abrió para nada!

Herencia familiar

Un catalán hablando a su hijo:

—Este reloj perteneció a mi tatarabuelo. De mi tatarabuelo pasó a mi bisabuelo, de mi bisabuelo a mi abuelo, de mi abuelo a mi padre, de mi padre a mí, y ahora quiero que pase a ti, *fill meu*. Te lo vendo.

La última voluntad

Una familia de catalanes reunida ante el féretro del padre, recién fallecido. El hijo menor dice:
—Ahora tendremos que hacer realidad la última voluntad de papá: ser enterrado con un millón de euros en el ataúd.
El hijo mediano añade:
—Sí, pero en realidad sólo pondremos 750.000 euros, porque hay que descontar el 25 % de IRPF.
El hijo mayor apostilla:
—También tendremos que deducir el 16 % de IVA.
La viuda tercia en la conversación de forma resolutiva:
—¡Basta ya! Vuestro padre no merece estos regateos. Se le enterrará con la tarjeta de crédito... y que él gaste cuanto quiera.

El negocio es el negocio

Un catalán en su lecho de muerte susurra:
—Montserrat, Montserrat, ¿dónde estás, esposa querida?
—Aquí estoy, esposo mío, a tu lado.
—¿Y mi hijo Jordi, dónde está?
—Aquí estoy, padre, a tu lado.
—¿Y mi hija Eulalia, dónde está?
—Aquí estoy, padre, a tu lado.
—¿Y mi hijo Jaume, dónde está?
—Aquí estoy, padre, a tu lado.
—Entonces... ¿quién está atendiendo el negocio?

El cheque

Un catalán va a cobrar un cheque al banco y el cajero que le atiende le dice:
—Muy bien, ¿cómo quiere el dinero?
—¡Con desesperación!

La disculpa

Un pobre empleado se acerca a la oficina de su jefe catalán y le dice:

—Disculpe, señor gerente, pero hace seis meses que no cobro...

—Está disculpado, García.

Tarjeta de crédito

A un catalán le robaron su tarjeta de crédito, pero decidió no cancelarla porque el ladrón estaba gastando menos que su esposa.

Deudas

—¡Qué alegría, Jordi, me han tocado diez millones de euros en la lotería!

—¡Qué bien! Felicidades, Jaume. ¿Y qué harás con tanto dinero?

—Pagar las deudas.

—¿Y el resto?

—Que esperen.

La mascarilla

Un catalán sufre un ataque cardiaco en su casa. Cuando llega la ambulancia lo suben en la camilla y el médico le dice a su ayudante:

—¡Póngale la mascarilla!

Y el catalán:

—¡No, por favor, pónganme la más baratilla!

El euro

Una sirvienta va corriendo a ver al jefe. Asustada le dice:

—Señor, señor, que el mayordomo se ha tragado un euro, ¡que se ha tragado un euro!

El jefe, tranquilo, responde:

—Tranquila, mujer, tranquila, que ya se lo descontaremos del sueldo.

En la playa

Iba un matrimonio de catalanes paseando por la playa y de repente él se tira un pedito... Ella le pregunta:

—Vicenç, ¿te has tirado un pedito?

—¿Quién yo? No, no.

—Pero si yo lo he oído...

—Pues, mira, tirármelo no, se me debe de haber caído, porque tirar, yo no tiro nada.

Vitoria

¿Por qué los catalanes no van a Vitoria?

Porque a la llegada leen: «Vitoria-Gasteiz».

El catalán en Andalucía

Un vendedor catalán se va a Andalucía a hacer negocios y le dicen sus amigos:

—Chico, hazte el mudo, que como te noten el acento catalán no vendes ni una rosca, que allí caemos muy mal. La envidia, ya sabes.

Total, que el vendedor se hace el mudo y se hace de oro en una semana (negociantes que son). Para celebrarlo, se va a un

restaurante e invita a todo el personal. Todo ello con señas, claro, porque se hace el mudo. Después de pagar una cuenta gordísima, deja un céntimo de propina.

El camarero recoge el céntimo y piensa:

—Pobre desgraciadito, además de mudo, catalán.

Cómo dormir

¿Cómo duermen los catalanes?

De canto, para no gastar las sábanas.

Trescientos catalanes dentro de un seiscientos

¿Cómo metes a 300 catalanes en un seiscientos?

Tirando un céntimo de euro dentro.

Ahora, fuera

¿Y cómo los sacas?

Diciendo que es un taxi.

La manzana de Eva

Entre dos catalanes:

—¿Sabes por qué la serpiente le dio la manzana a Eva?

—Porque no pudo vendérsela.

Veinte euros

Un hijo le dice a su padre, que es catalán de pura cepa:

—Papá, me tienes que dar veinte euros para pasar la noche en la discoteca.

—¿Veinte euros? Pero, *fill*, ¿para qué quieres quince euros si con diez tienes suficiente? Anda, toma cinco y tráeme los tres que sobran.

Gestiones

Dos catalanes, viejos amigos, se encuentran en la calle. Uno de ellos iba con su anciana madre.

—¡Hombre, cuanto tiempo, Manel! ¿Qué es de tu vida?

—Pues mal, aquí estoy con mi madre, que la pobre se ha quedado sorda y ciega...

—¡Vaya, qué problema! ¿Y la llevas ahora al médico?

—No, no, voy a que le corten la luz y el teléfono.

Genio y figura

Está un catalán en sus últimas horas de vida, en el mismo lecho de muerte, y le dice a su mujer:

—Cariño, ¿estás aquí?

—Sí, estoy aquí.

—Hijo, ¿estás aquí?

—Sí, estoy aquí.

—Hija, ¿estás aquí?

—Sí, papá, estoy aquí.

—Entonces... ¿por qué narices está encendida la luz de la cocina?

Herencia

—¿Qué me dejas, esposo mío? —le pregunta la esposa a su agonizante marido, un catalán.

—Te dejo, te dejo... te dejo viuda.

El aprendiz

—Mira, *xicot* —le dice el empresario al muchacho que solicita el puesto de aprendiz en la fábrica—. Para empezar, como eres un novato en el oficio, no te pagaré nada. Y así irás aprendiendo.

—¿Y más adelante, señor?

—Más adelante, cuando ya conozcas el oficio, te doblaré el sueldo.

En la carretera

Aquel catalán que entorpecía siempre la circulación porque, por no querer gastar gasolina, empujaba su coche con las manos.

Buenas intenciones

A un payés de Lérida le preguntó un amigo:

—¿Qué harías si te tocase la lotería y tuvieras un millón de euros?

—Los repartiría entre la gente necesitada —contestó el payés, sin dudarlo.

—¿Y si tuvieras un coche?

—Se lo regalaría a algún tullido.

—¿Y si tuvieras un castillo?

—Se lo daría a los indigentes.

—¿Y si tuvieras un asno? ¿También lo darías?

—¡Ah, no, eso no! —exclamó el payés.

—¿Por qué?

—¡Porque un asno sí que tengo!

En la cárcel

Dos catalanes están cumpliendo condena en la cárcel:

—¿Por qué estás aquí, Pascual? —le pregunta uno a otro.

—Porque robé una joyería y me llevé todas las joyas.

—¿Y cómo te pillaron?

—Porque a la mañana siguiente volví allí a por el ladrillo con el que había roto el escaparate.

La propina

El acomodador del teatro acompaña a un catalán a su butaca. Este saca una moneda de un céntimo y, cuando el acomodador ya alarga la mano, le pregunta:

—¿Nos la jugamos a cara o cruz, *noi*?

El cuentagotas

—Mamá —le pregunta el pequeño Sergi a su madre—, ¿qué es un cuentagotas?

—El aparato con que tu padre me da el dinero, hijo mío.

El billete

Cuando murió Rusiñol, el industrial catalán, un familiar incrédulo propuso:

—Acérquenle un espejito para ver si realmente está bien muerto.

—Mejor será —intervino otro— que le acerquen un billete de cinco euros. Si no lo coge, es que está muerto.

Entre amigos

—Anoche ligué con una morenaza increíble: metro ochenta, pechos despampanantes, delgada, guapísima... En fin, ¡un cañón!

—¿Y te la llevaste a la cama?

—Claro, ya me conoces... Pero, *noi*, luego resultó que era un travestido sin operar.

—*Renoi*, ¿lo echarías de tu casa, no?

—*Home*... ¿cómo iba a perder la cerveza a la que le había invitado antes?

Visita al dentista

—¿Qué te pasa, Antoni?

—Que he ido a casa del dentista y me ha sacado una muela y un riñón.

—¿Dices que el dentista te ha sacado un riñón?

—Sí, porque después de sacarme la muela me ha cobrado un pastón.

Marcha nupcial

Mira si será tacaño Josep que cuando se casó con Marta, en vez de hacer que en la iglesia tocaran la marcha nupcial, que le costaba quince euros, entró en el templo silbándola.

El entierro

Debido a lo caro que resultaba hacerle al difunto un entierro en condiciones, los parientes catalanes decidieron llevarlo en hombros... ¡como a los toreros!

El infierno

Dos catalanes hablando de la vida después de la muerte:

—Pues yo, cuando me muera, prefiero ir al infierno.

—¿Por qué?

—Porque tendré gratis la calefacción.

Como Noé

—¡Cómo me hubiese gustado vivir en los tiempos de Noé!

—¿Por qué?

—¡Para hacer un crucero por el mundo sin pagar pasaje!

La recompensa

Se está celebrando una conferencia en un hotel de Barcelona. De pronto, se interrumpe, y el gerente del hotel comunica lo siguiente:

—Amable público, un asistente a este acto ha perdido su cartera con trescientos euros dentro. Su dueño ofrece veinte euros de recompensa a quien se la devuelva.

—¡Yo ofrezco treinta! —grita inmediatamente una voz desde el fondo de la sala.

En la tienda del zapatero remendón

—Póngame unos tacones a estos zapatos.

El zapatero observa el mal estado del calzado.

—Oiga, ¿no es mejor que le ponga unos zapatos nuevos a estos tacones?

En un restaurante de Vilafranca del Penedés

—¡Camarero, hay una mosca en la sopa!

—Chist, señor —se alarma el camarero—, no grite tanto, que si el dueño se entera, se la cargará en cuenta.

Naufragio

Un matrimonio catalán iba en un buque que naufragó, y los dos, asidos a una tabla, llegaron a una isla desierta.

—¡Qué bien! —exclamó el marido—. Aquí no podremos gastar el dinero en tonterías.

Papá catalán

—Papá, papá, ¿por qué no vamos esta tarde al circo? La entrada sólo cuesta seis euros.

—¿Seis euros? —repite el padre—. ¡Quimet! —llama al hermano mayor—. Súbete a la lámpara y entretén a tu hermano.

Equipo de fútbol

—¿A ti de qué te gustaría jugar en un equipo de fútbol?

—De portero.

—¿Por qué?

—Porque desgasta menos las botas.

Servicio de habitaciones

Un industrial catalán llega a un hotel de Suiza, se instala en su habitación y pide la cena por teléfono.

—Por favor, ¿pueden subirme la cena a mi habitación?

—Oh, sí, señor, enseguida, pero recuerde que hay un recargo por servicio de habitaciones.

—Ah, entonces no se molesten. Bajaré yo mismo a la cocina a buscarla.

Economía

—Pero, Joan, ¿por qué has elegido este apartamento en este inmueble que tiene doscientos inquilinos?
—Para ahorrar, nena.
—¿Para ahorrar?
—Claro. Aprovechando la amabilidad de los vecinos, podrás pedirle a la vecina del primero una patata, a la del segundo otra, a la del cuarto derecha un poco de aceite... y así sucesivamente. ¡Menuda economía!

En la estación

—Oiga —pregunta un hombre en la taquilla de la estación—. ¿Cuánto cuesta el billete de aquí a Cádiz?
—Treinta euros.
—Entonces, me ahorro treinta euros.
—¿Por qué? ¿Piensa ir a pie?
—No, es que no tengo que ir a Cádiz.

¡Generoso!

—Toma, hijo mío, aquí tienes cinco céntimos... ¡y no te los gastes en tonterías!

El gordo de la lotería

—A don Narcís le tocó el gordo de la lotería, pero le dio un infarto y se murió.
—Pues no era para tanto.
—¡Cómo que no, si había perdido el billete y no lo pudo encontrar!

El mejor libro

Tres catalanes hablando de literatura:
—Yo creo que el mejor libro que existe es *El Quijote*.
—No, el mejor libro es *La Biblia*.
—Mentira, el mejor libro es el talonario de cheques.

Primeras letras

El hijo del banquero catalán era tan listo que las primeras letras que aprendió fueron las de cambio.

El diagnóstico

El médico:
—Padece usted una enfermedad desconocida.
El paciente (que es catalán):
—¿No podría patentarla?

Devoción a Sant Jordi

Un barcelonés muy devoto tenía una imagen del patrón de Cataluña, Sant Jordi, a la cabecera de su cama. Todas las noches le rezaba con la siguiente plegaria:
—¡Oh, glorioso Sant Jordi, tú que mataste al dragón, tú que todo lo puedes, mira a este pobrecito catalán y haz que la próxima semana me toque el primer premio de la lotería!
Naturalmente, no le tocaba nada. Pero él no desesperaba, cada semana repetía la misma operación:
—¡Oh, glorioso Sant Jordi, tú que mataste al dragón, tú que todo lo puedes, mira a este pobrecito catalán y haz que la próxima semana me toque el primer premio de la lotería!

Y así una semana tras otra hasta que una noche Sant Jordi le dijo indignado:

—¡Tanto pedir, tanto pedir! ¡Al menos podrías apostar alguna vez!

La misa televisada

Un catalán muy devoto se rompe una pierna y decide oír la misa de domingo por la televisión. Cuando vio que salía el monaguillo por la iglesia con la bandeja de las limosnas llamó a su esposa:

—¡Llucieta, Llucieta, ven y apaga la tele!

Un marido muy catalán

—Pepeta, me han dicho que tienes un amante, ¡mecasoenronda...!

—¡Oh, queridito mío, no te sulfures!

—Entonces, ¿es verdad? ¿Soy un cornudo?

—Sí, tengo un amante...

—Oh... Ay, mi frente...

—Pero es el administrador de la finca...

—Ah, en ese caso, si se trata del administrador de la finca, te perdono, Pepeta.

En un pueblo de la costa catalana

—¿De qué vivís en tu pueblo?

—De la pesca en invierno y de ver qué pescamos a los turistas en verano.

Regalo de cumpleaños

El señor Feliu a su esposa:

—Como ves, no me he olvidado de tu cumpleaños. ¿Te gusta este abrigo de visón?

—No está mal, pero hubiera preferido lo que me prometiste: un Cadillac.

—Oh, claro, es que no encontré ninguno de imitación.

Otro marido muy catalán

—Oh, mi marido es tan catalán...

—¿Por qué dices eso?

—Imagínate que no habla por no gastar saliva.

Gallegos

En la cama

Un gallego se acuesta a dormir pero nota algo raro y le pregunta a su mujer:
—Pilariña, ¿por qué hay seis pies en nuestra cama?
—No hombre, que hay cuatro.
—Pero si yo veo seis.
—Hay cuatro. Bájate y cuéntalos.
Se baja de la cama el gallego y los cuenta:
—Uno, dos, tres y cuatro. ¡Carallo, Pilariña, tenías razón!

El hijo

Le dice Venancia a su esposo:
—Te tengo dos noticias, una buena y una mala. La buena es que voy a tener un hijo. La mala es que es de tu primo Juanelo.
—Vamos, pues no se lo digas y nos quedamos con él.

La fe

Dicen que los creyentes gallegos llevan la fe atada con cordón, para no perderla.

Confesiones

Un cura gallego publica un libro con las hojas en blanco. La obra se titula *Memorias de mis secretos de confesión*.

Atraco

Dos ladrones asaltan a un gallego trasnochador:
—No grites, danos todo el dinero o te rajamos.
—Pero si no tengo nada, dejadme en paz.
Ante la negativa, los ladrones le dan una paliza de padre y señor nuestro. Uno de ellos por fin le quita la cartera y le dice al otro:
—Si será tarugo el tío, por cinco euros casi se deja matar.
Entre el dolor y en semiinconsciencia, el gallego interviene:
—Y los mil que llevo en el calcetín, ¿qué?

El robo

El jefe de la policía investiga el robo de una joyería en Sevilla y dice a los periodistas:
—Seguro que fue un gallego.
—¿Cómo lo sabe?
—Porque hizo un agujero para entrar y otro para salir.

¡Rodeados!

Un gallego llega a la orilla del mar y comienza a disparar. Otro, extrañado, le pregunta:
—¡Oye! ¿Por qué disparas a la costa?
—Porque nos tiene rodeados.

Contrabandista

Un agente de la guardia civil, gallego, a punto de jubilarse, durante años había detenido muchas veces a Carlos, pero nunca lo había podido arrestar porque la lancha rápida en la que iba siempre estaba vacía. Intrigado y frustrado, un día le imploró:

—Carlos, sé que te dedicas al contrabando, pero te he seguido durante 20 años y nunca he podido encontrar nada. Ya mañana me jubilo. ¡Por favor, dime dónde escondías el tabaco!

—¿El tabaco? ¿Qué tabaco? Yo me dedico a pasar lanchas rápidas de contrabando.

De esmoquin

¿Por qué los gallegos van de esmoquin a la óptica?
Porque van a la graduación de sus lentes.

Velas defectuosas

Un comerciante gallego recibe una caja de velas mal empaquetadas, y cuando localiza al proveedor, le dice:

—Te voy a devolver esas velas porque están defectuosas.

—No puede ser, ¿qué sucede con ellas?

—Hombre, pues que no hay dios que las encienda: tienen la mecha para abajo.

Muerto de risa

Un gallego murió de risa cuando le encontró la gracia al chiste que le contaron... ¡hacía 20 años!

Gallegos en Galicia

Dicen que no hay gallegos en Galicia.
   Porque todos están en los chistes.

Chistes o anécdotas

¿Cuántos chistes de gallegos existen?
   Sólo uno, los demás son anécdotas.

Accidente de avión

Se estrella un avión biplaza en el cementerio de Vigo. Los encargados de limpiar el lugar preguntan al director del camposanto:
   —Señor, hemos recogido 227 cadáveres, ¿seguimos o paramos ya?

En una orgía

En una orgía, ¿cómo se sabe cuál de los participantes es gallego?
   Es el único que está liado con su esposa.

Dilema

—Oye, Pepe, para ti ¿qué es más importante, la ignorancia o la indiferencia?
   —Mmmm, pues la verdad, ni lo sé ni me importa.

Un letrero en un parque gallego

«Por favor, no pisen el césped; el que no sepa leer que pregunte, gracias».

Barco parado

¿Por qué se murieron 326 gallegos en medio del océano?
    Porque el barco se paró y bajaron a empujar.

Correspondencia

Paco recibe una carta, en ella sólo hay un papel en blanco:
    —¿De quién será?
    —Es de mi mujer.
    —¿Cómo lo sabes?
    —Es que nos hemos peleado y no nos hablamos.

¡Irreconocible!

Dos gallegos se encuentran por la calle y uno le dice al otro:
    —Hombre, José, ¡cuánto tiempo sin verte! ¡Pero qué cambiado estás! Antes medías 1,50 y ahora mides cerca de dos metros, eras moreno y con ojos negros y ahora eres rubio y tienes los ojos verdes!
    —Discúlpeme, pero mi nombre no es José sino Manuel.
    —Vaya, ¡hasta el nombre te has cambiado!

El pirata

Aunque nadie lo crea, existió un pirata gallego que era conocido en todo el mundo. ¿Por qué?
    Porque llevaba parche en los dos ojos.

Adivinación

¿Cuál es el trabajo más difícil del mundo?
    Leer la mente en Galicia.

Zanahorias en las ventanas

¿Por qué los gallegos ponen zanahorias en las ventanas?
    Porque dicen que son buenas para la vista.

Polo

Invitan a un gallego a jugar al polo y... ¡todavía está allí!

¡Ay, José!

Una pareja de gallegos:
    —¡Ay, José! ¡Ay, José! ¡Ay, José!
    —¿Qué pasa, mujer? ¿Qué pasa? ¿Te gusta, eh?
    —Quítate las gafas que me estás haciendo daño.
Cinco minutos después:
    —¡Joseeeeeé, Joseeeeeé, Joseeeeeeeeeeeeeeeé!
    —¿Qué quieres, mujer? ¿Te gusta, eh, te gusta?
    —Ponte las gafas que estás chupando la alfombra.

La fiesta

José le dice a Manuel:
    —Oye, Manuel, te invito a una fiesta de 15 años.
Manuel le contesta:
    —Bueno, pero mira que yo a los tres meses me vuelvo...

En el ascensor

Un gallego baja en un ascensor con espejo, se mira en él y se dice a sí mismo: «Carallo, que yo a este tío lo conozco de algún lado». Sigue bajando, y piso a piso crece su angustia, que cada vez es mayor por no darse cuenta de qué conoce a «ese tío», hasta que llega a la planta baja. Cuando está saliendo y se cierra la puerta se acuerda y dice: «Ya sé, del barbero».

En la radio

En un noticiero radiofónico gallego se oyó lo siguiente:
   «La temperatura actual es de 12 °C y la sensación térmica de 10. Son las 20:30 y la sensación horaria, las 18:05».

Posesiones

Tres gallegos hablando:
   —Yo tengo un gato que dice miau —dice el primero.
   —Yo tengo un perro que dice guau —apunta el segundo.
   Y el tercero:
   —Yo tengo un tarro que dice azúcar.

Ojo de buey

Un gallego camina por el muelle. Su amigo Manuel lo ve desde dentro de un barco, saca la cabeza por un ojo de buey y le grita:
   —Oye, José, ¿qué tal te va?
   A lo que José contesta:
   —Bien, pero ¿qué diablos haces con un barco colgado del pescuezo?

El serrucho

—Oye, Manolo, ¿por qué te abanicas con el serrucho?
   —Porque me gusta el aire de la sierra.

El escondite

¿Qué hace un cadáver escondido en un armario?
   Es un gallego que jugó al escondite y nunca lo encontraron.

Campo de fútbol

¿Por qué los gallegos hicieron un campo para jugar a fútbol de 1.000 km × 500 km?
   Porque se enteraron de que iban a jugar contra el resto del mundo.

Gemelos

¿Por qué se divorció un matrimonio de gallegos?
   Porque tuvieron gemelos y no sabían de quién era el segundo.

El fax

¿Cómo manda un fax confidencial un gallego?
   Lo dobla antes de meterlo en la máquina.

Durmiendo

¿Qué hace un gallego con los ojos cerrados frente a un espejo?
   Está viendo cómo se duerme.

911

¿Por qué los gallegos no pueden marcar el 911?
Porque no encuentran el 11 en el teléfono.

Una circular

¿Por qué un gallego llega a una librería y pide un sobre redondo?
Porque va a enviar una circular.

Patatas

¿Por qué los gallegos ponen las patatas en la ventana durante el invierno?
Porque hace un frío que pela.

Raíz cuadrada

¿Por qué en Galicia no hay árboles?
Porque los gallegos los talaron buscando la raíz cuadrada.

Las llaves

Hay un gallego buscando algo. Se acerca un amigo y le dice:
—Oye, Manolo, ¿qué estás buscando?
—Busco unas llaves que se me perdieron.
—¿Y dónde se te han perdido?
—Allí, en la esquina.
—¿Y por qué las buscas aquí?
—Pues porque aquí hay más luz.

En trío

¿Por qué los policías gallegos van en grupos de tres?
  Porque uno sabe leer, otro sabe escribir y el tercero cuida al par de genios.

El sol

¿Por qué los gallegos hacen las ventanas redondas?
  Para que entre el sol.

El pensamiento

¿Cuál es la única flor que no se da en Galicia?
  El pensamiento.

Juegos de cama

Un gallego entra en una tienda:
  —Buenas, ¿tienen juegos de cama?
  —Sí, señor.
  —¿Me puede dejar leer las instrucciones?

La vela

¿Cuál es la diferencia entre un gallego y una vela?
  Que la vela es más brillante.

La ola

¿Por qué los gallegos se llevan un salvavidas al fútbol?
  Para no ahogarse en la ola humana.

Risas

¿Por qué los gallegos se sientan atrás en el cine?
Porque el que ríe el último ríe mejor.

Fotos

¿Por qué los gallegos sonríen cuando hay relámpagos?
Porque creen que Dios les está haciendo fotografías.

El jugo

¿Por qué los gallegos se quedan mirando fijamente al cartón del zumo de naranja?
Porque se lee: «Concentrado».

Vietnam

Los gallegos participaron en la guerra de Vietnam: enviaron un submarino con 400 paracaidistas.

Perder el tren

El hijo manda desde Madrid un telegrama a su madre en Galicia, que dice:
—Perdí el tren, salgo mañana a la misma hora.
La madre rápidamente responde:
—No salgas a la misma hora, que vas a volver a perder el tren.

La sal

¿Por qué los gallegos no entran en la cocina?
Porque cuando entran hay un recipiente que dice: «Sal».

Platos fríos

¿Qué hace un gallego cocinando con los fogones apagados?
Está preparando platos fríos.

Nave espacial gallega

Los tripulantes de la nave espacial gallega son Manuel y Pepe. Este le dice a Manuel que va a salir fuera de la cápsula a hacer reparaciones, y sale pero el compañero cierra la escotilla. Transcurrida una hora Pepe golpea la puerta para que le abran y desde dentro se oye una voz que dice:
—¿Quién es?

El intermitente

Dos gallegos arreglando el coche:
—Oye, Paco, fíjate si el intermitente funciona.
Y Manolo le responde:
—Ahora sí, ahora no, ahora sí, ahora no...

La televisión

Estaba Manoliño en casa de su novia viendo la televisión cuando, de pronto, se va la luz y la novia le dice:
—Vamos, Manoliño, ¿qué esperas? ¡Aprovecha!
Y Manolo se levantó y se llevó la televisión.

Confirmaciones

¿Por qué hay una iglesia en cada aeropuerto gallego?
Para confirmar los vuelos.

Cartón de leche

¿Por qué los gallegos cada vez que compran una caja de leche la abren en el mismo supermercado?
Porque en el envase pone: «Abra aquí».

Problemita

Se encuentra una familia de vacaciones en Galicia y al pasar por la aduana los detienen. El aduanero gallego mira muy atentamente dentro del auto y dice:
—Lo siento, no pueden pasar.
—¿Por qué? —pregunta el conductor.
—Porque lo que usted conduce es un Renault 3 y ustedes son 4 pasajeros, simplemente por eso.
El conductor, que no sale de su asombro, responde:
—No digas estupideces ¡cómo no vamos a poder pasar por ser cuatro en un Renault 3! ¡Exijo ver a su superior!
Entonces el gallego se dirige hacia la oficina, al rato vuelve y dice:
—Tendrá que esperar, señor, porque mi superior está desde hace una semana tratando de arreglar el problema de la parejita del Fiat 1.

¿Avaricia?

Manolo pasea por el cementerio y lee una inscripción en una tumba:

«Aquí yace Jordi Tulé, un padre maravilloso y un ciudadano ejemplar».

—Mira que son avaros estos catalanes, tres hombres en una tumba.

Examen de orina

Un gallego se pasó toda la noche estudiando para un examen de orina.

El billón de dólares

—¿Qué harías si te encontraras un billón de dólares? —le preguntan a Paco, el gallego.

—Depende, si el propietario fuese pobre, se los devolvería.

Cuernos

En un bar de Galicia:

—¡Juan, corre, que tu mujer se está acostando con otro!

Juan se levanta corriendo y a los diez minutos vuelve y dice:

—¡Carallo!, me habías bien asustado, si es el mismo de siempre...

Máquina de refrescos

Un gallego pasa por delante de una máquina expendedora de refrescos. Se para, mete una moneda y «¡bonk!», cae la lata. Volvió a meter otra moneda y a sacar otra lata. Así hasta veintitrés monedas y veintitrés latas.

En ese momento pasa un tipo y se para detrás del gallego, que seguía metiendo monedas y sacando latas.

—¿Pero no tiene ya suficientes latas? ¿Cuándo se piensa ir? —le pregunta.

—Pues, hombre, mientras siga ganando me pienso quedar.

El barco hundido

Un barco sale de Galicia lleno de presos rumbo a una isla donde hay una cárcel. En el mar el barco se hunde porque los presos habían hecho un túnel para escaparse.

En el supermercado

¿Por qué los gallegos gatean en el supermercado?
Porque están buscando los precios más bajos.

Purificación del agua

¿Cómo purifican el agua los gallegos?
La tiran del tercer piso para que se mueran los microbios.

Universidades

¿Por qué las universidades gallegas son las mejores del mundo?
Porque entran gallegos y salen doctores, licenciados, ingenieros, etc.

Cubos de hielo

¿Por qué los gallegos nunca sacan cubitos de hielo del frigorífico?
Porque creen que eso lo mantiene frío.

Noticias frescas

¿Por qué los gallegos guardan el periódico en el frigorífico?
    Para leer noticias frescas.

El vídeo

¿Por qué los gallegos ponen cubitos de hielo debajo del vídeo?
    Para congelar la imagen.

Bebé chino

En Galicia, una pareja con dificultades para tener hijos decide adoptar un bebé chino. En cuanto el niño está en casa se inscriben en una academia de lenguas orientales. La secretaria de la academia les pregunta:
    —¿Por qué razón quieren aprender chino?
    —Es que adoptamos un bebé chino, y todavía no habla, pero cuando empiece queremos entender lo que diga...

Salsa

¿Por qué los gallegos ponen un tomate encima de la radio?
    Para oír salsa...

Padres e hijos

Dos gallegos hablando:
    —Mi hijo es más tonto...
    —No, hombre, el mío es más tonto. Ya verás. ¡Paco, ven aquí!
    Viene el galleguito:
    —¿Qué quieres, padre?

—Ve con este billete de diez euros a la tienda y cómprame un televisor de color.

—Bien, padre, ya voy.

El niño se va.

—¡Ja, ja, ja! ¿Viste? ¡Mi hijo es tonto!

—Carallo, pero es que el mío es más tonto. ¡Manolito, ven aquí!

Se acerca Manolito:

—¿Qué quieres, padre?

—Ve a casa a ver si estoy allí...

—Bien, padre, ya voy.

Los dos niños se encuentran en el camino:

—Mira si será tonto mi padre que me envió a comprar un televisor de color con diez euros y no me dijo de qué color lo quería.

—Carallo, el mío es más tonto aún, que me mandó a casa a buscarlo... ¡y no me dio las llaves!

El camión

Un gallego sube con su camión a la terraza del edificio donde vive y se tira por ella. Al cabo de seis meses sale del estado de coma en el que había entrado por tan terrible golpe y el médico le pregunta:

—¿Me quiere decir por qué carajo se tiró desde la terraza con su camión?

—Pues, hombre, está clarísimo, quería probar los frenos de aire.

Al cine

¿Por qué van 19 gallegos al cine?

Porque la película está prohibida para menores de 18.

La reencarnación

Dos campesinos gallegos, Manolo y María, que se preparan para ir al campo a realizar sus tareas, comienzan la siguiente conversación:

—Oye, Manolo, ¿cómo es eso de la reencarnación?

—¡Ay, María, súbete a la burra, aquí junto a mí, y en el camino te explico!

Una vez en camino, cabalgando ya los dos sobre la burra, Manolo le dice:

—Mira, María, ¿ves aquella vaca? Esa puede ser tu tía Gertrudis en su nueva vida.

A continuación le dice:

—Mira, ¿ves ese gallo? Ese puede ser tu tío José.

María va irritándose porque Jacinto sólo hace referencia a sus familiares.

—Mira, María, ¿ves aquel perro? Ese puede ser tu primo Cipriano.

De repente, María comienza a sollozar, y Manolo, sorprendido, le pregunta por qué llora.

—Ay, Jacinto, ¡me siento muy triste!

—Pero, ¿por qué, María?

—Porque a lo mejor venimos sentados en tu puñetera madre.

En la zapatería

¿Cómo se reconoce a un gallego en una zapatería?

Es el único que se prueba las cajas.

En el avión

¿Por qué han dejado de poner películas en los aviones que vuelan a Galicia?

Porque al acabar la película todo el mundo salía por la puerta de atrás.

El loro

Entra un gallego con un loro a un bar, y el cantinero pregunta:
—¿Habla el animal?
—¡Y yo qué sé! —dice el loro.

Precauciones

Llega un gallego al médico, y este le dice:
—Usted tiene una enfermedad venérea.
—No, eso es imposible, sepa que yo siempre tomo precauciones antes de tener relaciones sexuales con una desconocida.
—¿Ah, sí? A ver, dígame, ¿qué precauciones?
—Siempre doy nombre y dirección falsos.

Venecia

Una pareja de gallegos regresa de su luna de miel con un gran disgusto.
—¿Qué ha pasado? —les preguntan los familiares.
—Pues fue lo peor que nos pudo haber pasado: vamos a Venecia... ¡y todo estaba inundado!

Leche fresca

¿Por qué los gallegos no toman leche fresca?
Porque no les cabe la vaca en el frigorífico.

El puzzle

¿Por qué los gallegos se emocionan cuando arman un puzzle en un solo día?

Porque en la caja dice: «De cinco a diez años».

La reunión

Tres amigos, un madrileño, un catalán y un gallego, reunidos en casa de este último hablando de sus respectivas esposas:

—Mirad si es tonta mi esposa que la semana pasada se compró un Mercedes, y no me cabe en la cabeza para qué si ella no sabe conducir —dice el madrileño un poco irritado.

—Eso no es nada, la mía ayer abrió una cuenta en el banco, y no me cabe en la cabeza para qué la quiere si no sabe administrarla —replica el catalán.

Por último, el gallego añade:

—¡Carallo, la mía es la esposa más estúpida del mundo! Hoy se ha marchado de casa con más de mil euros y cincuenta condones, y no me cabe en la cabeza para qué si ella no tiene pene.

La barca nueva

Se encuentran dos paisanos de la ría, y le pregunta uno al otro:

—¡Eh! ¿Y cómo pusiste a tu barca nueva?

—Pues la he llamado «Que reme cristo».

—¡Carallo! ¡Eso está mal, eso es blasfemia! Podías haber elegido cualquier nombre de mujer, más bonito, como, por ejemplo, Maruxiña o Remedios...

—¡Carallo! Pues eso mismo, ¡qué más da «que reme dios» o «que reme cristo»!

El funeral

¿Cómo reconoces a un gallego en un funeral?
   Porque es el único que lleva regalo.

La marea

¿Por qué los gallegos ponen escaleras a la orilla del mar?
   Para que suba la marea.

Mejillones

Un gallego entra al consultorio de su médico agarrándose la panza.
   —¡Ay, doctorciño, me duele mucho la tripa! Desde anoche, que comí mejillones, no para de dolerme el estómago.
   —La comida de mar suele causar estos inconvenientes. Dígame, ¿los mejillones estaban en malas condiciones, olían mal cuando los abrió?
   —¿Usted abre los mejillones para comerlos?

Anuncio

Anuncio aparecido en un periódico, redactado por un gallego especialmente avispado:
   «Pinto casas. Servicio a domicilio.»

Relaciones

—Pepiño, tras 15 años de relaciones como novios, ¿por qué no nos casamos?
   —¿Y quién nos va a querer?

En la cama

Están dos gallegos en la cama y dice ella:
—Paquiño, dime algo que me deleite.
—Pues una vaquiña.

El letrero

Dos gallegos en la carretera ven un letrero que dice: «Aceros inoxidables». Uno de los gallegos le dice al otro:
—¿Qué te parece, Manolo, nos hacemos?

En el manicomio

Dos locos escapan del manicomio, pero en lugar de huir empiezan a darle vueltas al hospital. Llega un agente de la policía, gallego, y pregunta:
—¿Cuál es el problema?
Se lo explican y le dicen:
—Atrápelos, agente.
A lo que el policía responde:
—Pues no va a ser sencillo, porque me llevan muchas vueltas de ventaja.

La suma

Le dice un gallego a otro:
—Oye, Venancio, ¿cuánto es dos más dos?
—Carallo, ¿no me puedes dar más datos?

La mafia

¿Por qué los gallegos no son admitidos en la mafia?
Porque los mandan a por coca y traen pepsi.

Coche nuevo

¿Por qué el gallego dio seis vueltas a la manzana en su coche nuevo?
Porque no sabía cómo apagar el intermitente.

El submarino

¿Cómo se sabe si hay un gallego en un submarino?
Es el único que está aguantando la respiración.

Conduciendo en Londres

Un gallego conduciendo por Londres. Pone la radio y escucha:
«Atención, atención, se comunica a los automovilistas que hay un loco conduciendo en sentido contrario. ¡Tengan cuidado!»
Y el gallego dice:
—¿Cómo que uno? ¡Miles!

En la pajarería

Entra un gallego con fuerte acento en una pajarería:
—¿Tienen loriños?
—Pues claro, loriños blancos, loriños multicolor...
—¿Y periquitiños?
—Naturalmente, periquitiño del monte, periquitiño del valle...

—¿Y papagallos?

—En caja y al contado, por favor.

Zapatos de cocodrilo

Dos gallegos deciden poner una zapatería. Como averiguan que los mejores zapatos son los de cocodrilo, se van de safari a cazar cocodrilos. Después de haber cazado más de 50, uno de los gallegos le dice al otro:

—Mira, Manolo, si el próximo cocodrilo que cacemos no tiene zapatos, para mí se acabó la cacería.

Pelea de gallos

¿Cómo se sabe si un gallego participa en una pelea de gallos?

Es el único que lleva un pato.

¿Y cómo se sabe si hay un gallego entre el público?

Es el único que apuesta por el pato.

A la playa

Un gallego en mitad del Sahara con un traje de baño y un quitasol al hombro. Un beduino lo mira, asombrado.

—Voy a ir a nadar —explica el gallego.

—Pero el océano está a mil trescientos kilómetros de aquí —le informa el árabe.

—¡Mil trescientos kilómetros! —exclama el gallego con una amplia sonrisa—. ¡Qué barbaridad! ¡Qué playa tan grande!

En una casa de citas

Un gallego llega a una casa de citas y pregunta:

—¿Cuánto cuesta una señorita?

—Bueno, depende del tiempo.
—Pues, supongamos que llueve...

La pesca

Se encuentran en el puerto dos pescadores gallegos:
—¿Cómo ha ido la pesca de mejillones?
—Muy mal.
—¿Qué ha pasado?
—Pues que no querían picar el anzuelo.

El incendio

Un gallego regresa de Argentina a su tierra y cuenta:
—En la Casa de Galicia de Buenos Aires tuvimos un terrible incendio.
—¿Y llegaron pronto los bomberos? —le preguntan.
—Sí, pero no los dejamos pasar.
—¿Por qué?
—Porque no eran socios.

Uno de meigas

Dos amigas:
—Le pedí a la meiga que Pepiño me tirara los tejos.
—¿Y qué tal ha ido?
—Fatal, ahora no gano para descalabros.

Otro de meigas

Una meiga le dice a su clienta:
—¡Ay!, rapaciña, deja que yo me encomiende a los santos, pero tú ayuda al filtro de amor encomendándote a los hombres.

Meigas

Un gallego le dice a otro:
—Mi suegra es una bruja.
—Ay, carallo, pues la mía es una meiga —le responde el otro.
—Bueno, es que tu familia siempre ha sido muy nacionalista.

El póquer

Cuatro amigos gallegos jugando al póquer. De pronto, se va la luz. Llega un amigo y les pregunta:
—¿Por que jugáis a oscuras?
Uno del grupo contesta:
—Para evitar los faroles.

Santiago Mártir

Un potentado gallego regresa muy feliz a su pueblo después de haber comprado un esqueleto de Santiago Mártir. La mujer ve el esqueleto y le dice:
—¿No te parece que es demasiado pequeño?
—Pero, mujer, ¿que no ves que es su santo esqueleto de cuando era niño?

El bingo

Dos gallegos:
—¿Por qué no te vienes al bingo conmigo, es que no te gusta cantar?
—Claro que me gusta, pero como no me sé la letra...

Limpiaparabrisas

Para que no se diga, los gallegos inventaron los limpiaparabrisas, pero los norteamericanos los perfeccionaron y los pusieron por fuera.

Carta de una gallega a su hija

Querida hija:

Estoy escribiendo lentamente porque yo sé que tú no puedes leer rápido; si recibes esta carta, es porque te llegó, si no, avísame y te la mando de nuevo.

Nosotros ya no vivimos donde vivíamos cuando tú te fuiste de casa. Tu padre leyó en el periódico que la mayoría de accidentes ocurren dentro de un radio de 30 kilómetros de casa, por lo que nos mudamos. Por cierto, si ves a tu hermano, decille que venga a casa, pero si no lo ves, no le digas nada.

Yo no puedo enviarte la dirección, debido a que la última familia que vivió aquí tomó el número de la casa cuando se marcharon, para no tener que cambiar su dirección. Este lugar es realmente maravilloso. Hay una máquina lavadora, aunque no estoy segura de si funciona bien, porque hace una semana la llené de ropa, le di a la palanca y desde entonces no he vuelto a ver la ropa.

El clima no es muy malo por aquí, sólo llovió dos veces la última semana; la primera vez llovió durante tres días, y la segunda, durante cuatro.

Tu tío Paquiño me dijo que enviarte la chaqueta que tú querías por correo sería un poco pesado por los botones; entonces, le cortamos los botones y los metimos en uno de los bolsillos.

Recibimos otra cuenta de la funeraria, dice que si no hacemos el último pago de la lápida de la abuela, la levantarán.

Ayer Venancio cerró su automóvil con las llaves dentro, estuvimos muy preocupados porque le tomó unas dos horas

para sacarnos a mí y a Pilariña de dentro del auto.

Tu hermana se casó con su marido y tuvo un bebé esta mañana, pero aún no sé qué sexo es, por lo que no sé si eres ya tía o tío. Si el bebé es una niña, tu hermana va a nombrarla como yo y la llamará mamá.

Tío Pedro cayó en un barril de aguardiente la semana pasada; algunos hombres trataron de sacarlo, pero él se resistió tanto que se ahogó; lo quemamos y estuvo ardiendo durante tres días.

Tres amigos tuyos se cayeron del puente en una camioneta. José, que iba conduciendo, bajó el cristal de la puerta, escapó por allí y nadó hasta un lugar seguro. Los otros dos iban atrás, pero se ahogaron porque no pudieron bajar la ventanilla de la puerta trasera de la camioneta.

Ya podemos beber refrescos, pues los fabricantes tuvieron una gran idea, al fin pusieron: «Abrir aquí».

Tu perro Púas ha estado persiguiendo a un carro durante toda la semana, pero lo raro es que el carro está aparcado.

No hay más nuevas noticias en estos tiempos, no ha pasado mucho.

Con amor,

Mamá

P.D.: Lo siento, iba a enviarte unos euros, pero el sobre ya estaba cerrado.

Madrileños

En la farmacia

—¿Me da dos mil preservativos? —pide un madrileño.
   —Lo siento, sólo me quedan mil.
   —¡Vaya, pues me ha fastidiao media tarde!

Al por mayor

Un automovilista madrileño compra en una tocinería 30 gramos de jamón.
   —¿Se lo mando a casa? —pregunta irónicamente el vendedor.
   —No, gracias —contesta impasible el automovilista—, tengo fuera el camión.

De compras

Tres madrileños borrachos hablando:
   —¡Tíos, me voy a comprar el Empire State Building! —dice el primero.
   —Pues yo me voy a comprar el Big Ben y la torre de Pisa —añade el segundo.
   —Paso, no vendo —contesta el tercero.

Uno de pijos madrileños

Un pijo le dice a otro:

—Le voy a decir a mi papá que me cambie el Lamborgini.

—¿Es que ya no te gusta, Borja?

—Sí, pero como ya se le han llenado los ceniceros...

Martínez

Dos amigos:

—Oye, Martínez, dicen que conoces a gente muy importante, ¿es eso verdad?

—¡Sí, ya lo creo! A ver, Carlos, ¿quieres que llame a alguien?

—Sí, venga, por ejemplo... a Aznar, ¿lo conoces?

—¿A José Mari? ¡Desde luego, desde pequeño!, espera que lo llamo.

Llama por teléfono y hace que le pongan con José María Aznar.

—¡José Mari!, ¿eres tú?, ¡cuánto tiempo, tío!, ¡qué alegría escucharte, macho! No, no, nada nuevo, sólo era para saludarte... Sí..., sí... Bueno, macho, pues ya nos tomaremos algo, ¡hala, adiós, majo!

Carlos, el amigo, muy sorprendido:

—¡Jope!, ¡qué confianzas, tío!, ¡es demasiado! Pero... ¡seguro que no conoces al rey!

—¿Que no?, espera, voy a ver si no le pillo reunido.

Martínez llama a la Zarzuela y hace que le pasen también con él.

—¡Hola, Juancar!, ¿cómo vamos?... Bien, bien. Ya me enteré que has sido abuelo de nuevo. ¡Genial!, sí..., pues nada, oye, era sólo para desearos lo mejor... ¡Vaaale!, el domingo comemos juntos. Si es que estoy muy ocupado, macho. ¡Claro! ¡Hala, pues, adiós!

—¡Coño, Martínez! Pues sí es verdad, sí. Sin embargo, no sé, dicen que eres tan importante, tan importante, que no sé si creérmelo.

—Mira, precisamente me ha invitado el Papa este fin de semana. Si quieres, vente a Roma, que voy a salir a hacerle compañía al balcón.

—¡Ostras! Eso sí que no me lo creo. Vale, voy.

Los dos amigos viajan hasta Roma. Efectivamente, Martínez sale al balcón a saludar con el Papa, mientras Carlos lo ve desde la plaza sin dar crédito. De repente, un señor se le acerca a Carlos y le da con el dedo en el hombro:

—¿Sí?

—Oiga, perdone que le moleste, ¿usted sabe quién es aquel tío de blanco que está en el balcón junto a Martínez?

Regalos

Un catalán, un andaluz y un madrileño hablan sobre la boda de un amigo común.

—Yo no he podido asistir a su boda —dice el catalán—, pero le he mandado un servicio de café para doce personas.

—Tampoco estuve yo —comenta el andaluz—, eso sí, le he mandado un servicio de té para veinte personas.

—Yo me enteré a la vuelta de un viaje —afirma el madrileño—. No obstante, enseguida le compré unas pinzas para el azucarero que sirve para doscientas personas.

Niños de papá

—Oye, Lolo, ¿qué regalos les has pedido a tus papás para esta Navidad?

—Todo, Fifí, todo.

Crecimiento

Una familia madrileña:

—Oye, mamá, ¿es verdad que los peces crecen muy rápidamente?

—Muchísimo, hija; cada vez que tu padre habla de la carpa que pescó el domingo pasado, crece una libra.

Más que eso

Un forastero que visita Nápoles pregunta al propietario de un restaurante si son buenos sus macarrones.

—¿Que si son buenos? —contesta el dueño—. Imagínese que los forasteros que los prueban salen de aquí hablando con acento napolitano.

El Pedrito de siempre

Ha cometido otra falta grave y la joven maestra se encuentra en el colmo de la exasperación:

—Te quedarás conmigo en la clase una hora, después del cierre de la escuela.

—Si usted está conforme... —contesta Pedrito—, por mí no hay problema, no me importa lo que después pueda pensar la gente...

Precocidad

—¿Sabes? —dice un chaval con aire de importancia—, mi mamá dice siempre que soy un niño inteligente porque a los diez meses ya sabía andar.

—¿Y a eso lo llamas tú ser inteligente? A los dos años yo todavía hacía que me llevaran en brazos.

Entre fanfarrones

—Cuando yo era joven me «cargué» todos los árboles que había en la selva del Sahara.
—Querrás decir en el desierto del Sáhara.
—Sí, ahora le llaman así...

Accidente de tráfico

Un madrileño sufre un aparatoso accidente en la carretera y da varias vueltas de campana; finalmente el coche se queda boca abajo y llega gente para ayudarlo a salir.
—Oiga, ¿de verdad no se ha hecho daño?
—Qué pasa, tío, yo vacío así los ceniceros del coche.

Descenso en piragua

Se celebra en Londres el campeonato del mundo de descenso en piragua. Encima de un puente, en mitad del recorrido, un grupo de madrileños está animando. Pasa el primer participante y los madrileños empiezan a insultarlo:
—¡Mamón, desgraciao!
Y el participante sigue remando, sin hacerles ni caso. Aparece el segundo y ocurre lo mismo: lo insultan, pero ni los mira.
Llega el tercero y siguen insultando:
—¡Mecagoen..., paquete, rema más, que te vas a hundir!
El concursante los mira y les hace un corte de manga. Y dicen ellos:
—¡Ese es, ese es!
Y empiezan a animar:
—¡España, España!

El nene

—El nene, cuando tiene ganas, puede hacer el amor doce veces —presume el madrileño.

—¿Y cuando no tiene ganas?

—Entonces —responde—, para no quedar mal, el nene sólo lo hace nueve.

¡Pero Paco!

Por el Paseo de la Castellana una mujer se encuentra a su marido acompañado de una morena estupenda.

—¡Paco, Paco! —le grita—, ¿qué haces con esa mujer?

Y el marido, madrileño, le contesta:

—Virguerías, mujer, virguerías. Ya conoces a tu Paco.

En el médico

Una mujer va al médico:

—¿Cómo está usted, señora? —le pregunta el médico.

Y la mujer, que es madrileña, le responde con chulería:

—¿Esa es una pregunta o una afirmación?

Más chulo que un ocho

—¿Qué te ha parecido, muñeca? —le dice el madrileño a una chica después de haber hecho el amor.

—Aún no lo sé —le responde esta—, cuando me hayas pagado te lo digo.

El nene, de nuevo

Un madrileño se levanta por la mañana, se mira en el espejo y se dice a sí mismo:

—¡Pero qué cuerpazo tiene el nene!

Se viste, se peina, se perfuma, se mira otra vez en el espejo y se dice:

—¡Pero qué bien viste el nene!

Sale a la calle y al ver su coche y su casa, se dice:

—¡Pero qué bien vive el nene!

Va a visitar a su familia y al llegar su madre le cuenta la última noticia:

—Cariño —le dice—, tu hermana, la Merche, se ha metido a monja, se ha casado con Dios nuestro Señor.

Y el madrileño, después de pensárselo un poco, se dice a sí mismo:

—¡Jo, qué cuñado tiene el nene!

Entre amigos

Un madrileño le dice a otro:

—Yo sería millonario si me hubiesen dado un euro por cada vez que he hecho el amor con una extranjera.

—Ya —le responde el otro—, y yo sería millonario si me lo hubiesen dado a mí por escucharte cada vez que me lo cuentas.

Secretaria eficiente

Un empresario madrileño le dice a otro:

—Mi secretaria es una joya, la más rápida que he tenido nunca, en diez minutos me hace doce cartas comerciales.

Y el otro le contesta:

—Eso no es nada. La mía, en ese tiempo, se quita la ropa, hacemos el amor, se viste, me prepara un café y me arregla la corbata.

—¿Y las cartas qué? —le replica el primero. A lo que el segundo contesta:

—En esos mismos diez minutos tu secretaria me está haciendo las doce copias.

En la carretera

Un madrileño conduce por la Nacional II, y en un tramo de línea continua invade el otro carril para adelantar. La guardia civil de tráfico, siempre atenta, le para:

—Veamos, caballero —le dice el guardia—, ha pisado la línea continua.

—¡Y qué pasa! —contesta el conductor con chulería—, ¿es que la he roto?

Hambre

Un matrimonio de madrileños:

—Paco —pregunta la esposa—, ¿tienes hambre?

—No —responde el marido—, yo no tengo hambre nunca.

—Entonces, ¿no hago nada de comer?

—Que no tengo hambre —le contesta él con chulería—, porque yo sólo tengo apetito.

En el hospital

Un madrileño está en un hospital para que le hagan un chequeo general. Al llegar la noche prepara varios frascos con agua. En uno pone su dentadura postiza, en otro el ojo de vidrio y en el último la lentilla del ojo bueno. Se saca una pierna y un brazo ortopédicos, los limpia y los mete en sus respectivos estuches.

Entonces, el compañero de habitación, que no puede aguantar más, le dice:

—¿Pero qué haces, macho?

—Nada —le responde con chulería—, que soy un perfeccionista, ¿pasa algo?

Otro de pijos madrileños

—La nueva casa de mis papás es divina, monísima —le comenta Pitita a su amigo Borja—, pero tiene un pequeño problema.

—¿Cuál, Pitita?

—Pues que eso de coger el metro para ir de mi habitación al lavabo me parece una horterada.

Chulería

—A mí no hay nadie que me despeine —le dice un madrileño a otro.

Y el otro le responde en el mismo tono:

—¿Y gastas tanta chulería para decir que eres calvo?

En la playa

Un madrileño se va de vacaciones a Valencia. Cuando está paseando por la playa y pasa frente a las olas, que están un poco embravecidas, mira hacia el mar y le dice:

—Si me mojas, te bebo.

El más chulo

Un madrileño con aires de matón ante otro:

—Ten cuidado conmigo, chaval, porque si escupo hago un hoyo en el suelo.

—Eso no es nada —le contesta el otro con más chulería si cabe—, porque yo vuelvo a escupir y lo tapo.

En la cárcel

—Yo soy el ladrón más fino y astuto de todo el mundo —chulea un madrileño.
  —¿Y nunca te han cogido? —le pregunta uno de los presos.
  —Nunca, jamás.
  —Ya, entonces, ¿qué haces aquí en el talego?
  —He venido a descansar una temporada, chaval, que eso también cansa.

Entre presos

—Pero ¿qué haces aquí? ¿No te habías escapado la semana pasada? —le pregunta un preso a otro que se había fugado.
  —Sí, pero como se me había olvidado mi osito de peluche...

Uno de Carabanchel, la cárcel

—¿Y tú, por qué estás aquí? —le pregunta un preso a otro que acaba de ingresar en Carabanchel.
  —Por haber vendido el Museo del Prado a un turista.
  —Mira que eres capullo, ¿es que no sabías que no puedes vender lo que mi menda ha vendido ya tres veces?

El coche de papá

—¡Uy, Borja, qué coche más fonito te ha comprado tu papá! —le dice la niña pija a su amigo, el niño pijo.

—Pero ¿qué dices, Pitita?

—¿No te lo ha comprado tu papá, Borja?

—No, este es de los que salen en las cajas de cereales que desayunamos cada mañana.

Examen de selectividad

Entre estudiantes madrileños:

—¿Cuántas veces has intentado pasar el examen de selectividad, Ignacio?

—No sé, unas seis o siete.

—¿Pero tan difícil es?

—¡Qué va! Lo que pasa es que a mí me gusta tener siempre un reto.

En La Moraleja

El señor de la casa tiene a la criada sobre las piernas cuando entra, por sorpresa, su esposa.

—¡Pero, Paco, por Dios! ¿Qué diablos estás haciendo con la criada?

—Nada —le responde tranquilo y burlonamente el marido—, pero si tienes tanta curiosidad haz como si no hubieses visto nada y vuelve dentro de una hora.

Limosnas a treinta euros

Un hombre que pide limosna le dice a su compañero, que es madrileño:

—¿Por qué pides limosnas de treinta euros si sabes que nadie te las va a dar?

—Es que no quiero que la gente piense que pido por necesidad.

Ofrecimiento

Llega el mismo limosnero, el madrileño, ante la tienda de un anticuario y le pregunta con chulería:

—Soy original, antiguo y bastante fuera de lo común, ¿cuánto estaría dispuesto a pagar por mí?

¡Te lo dije!

En las calles de Madrid:

—¡Chaval! —grita el chófer del autobús—. ¡No saques la cabeza por la ventanilla que te van a dar un golpe!

El niño no hace caso a las reiteradas indicaciones del conductor. De repente, otro autobús que viene en contrasentido le pega en toda la cara con el retrovisor. El conductor entonces le grita:

—¡Te lo dije!

A lo que el chaval responde con chulería:

—Calla, enterao, que eres un enterao.

Visionario

Un madrileño se ha caído de la planta catorce de un edificio. Al pasar por la planta siete, otro madrileño le dice desde la ventana:

—¡Que te vas a matar!

A lo que el accidentado responde con acento chulo:

—Adivino, más que adivino.

En el ginecólogo

Una mujer policía de Madrid va al ginecólogo. Cuando le va a hacer el reconocimiento vaginal, ella se pone chula y le dice al doctor con descaro:

—Mira, tío, tú no puedes entrar aquí si no tienes una orden de registro, ¿entendido?

Robando gallinas

Dos ladrones madrileños se van a robar gallinas, pero el dueño de la granja, que los ve venir, hace un agujero en el gallinero y los espera detrás con un bastón en las manos. El primer ladrón asoma la cabeza por el agujero y el granjero le da un bastonazo en la boca. El ladrón sale del agujero con la boca tapada y su compinche le pregunta:
—¿Macho, qué te ha pasao?
—Nada, pero asómate y verás las cosas tan graciosas que están haciendo las gallinas, yo casi no puedo aguantar la risa.

El cartero

Un cartero madrileño, que va cargado con una enorme saca de correos, se queja con chulería:
—Jo, y después dirán que en Madrid no se lee…

En una escuela de Madrid

Un chaval le dice con chulería a su profesora:
—Usted, señora, ya no tiene nada que enseñarme.
Y la joven maestra le replica:
—Espera a que tengas dieciocho años a ver si dices lo mismo.

Genio y figura

—¡Paco, Paco! —grita la mujer asustada.
Paco, el marido, que es muy chulo, además de madrileño, le contesta:

—Antes de decir cualquier tontería, cuenta hasta diez a ver si te tranquilizas, nena.

La mujer lo hace, pero antes de que la pobre llegue a tres un camión atropella a Paco, que con su último aliento le dice a la mujer:

—Antes de decirme cualquier cosa, comienza de nuevo, que con el ruido del camión has perdido la cuenta.

¿Qué pasa?

Un conductor iba en dirección contraria por la Gran Vía madrileña en hora punta. Un agente de la policía municipal, que lo ve, lo detiene:

—Hombre de Dios, ¿no se da cuenta de que va en dirección contraria? —le pregunta a gritos el agente.

—Pero, tío —contesta el conductor—, si los demás se apartan, ¿a ti por qué te molesta?

El rey de Madrid

Dos amigos madrileños:

—Yo antes era un chuleta insoportable y vanidoso.
—¿Y ahora no?
—Ahora soy simplemente perfecto.

Niño chulo

—Felipito, cariño —dice la madre—, no mires a la gente por encima del hombro, que es de muy mala educación.

—Pero, mami, ¿cómo voy a mirar por encima del hombro a quienes no me llegan ni a los talones?

El último de pijos madrileños

—Oye, Lolo, ¿sabías que existen personas que compran los coches usados?

—Jo, no me digas, y yo que los tiraba después de haberlos utilizado una semana...

Queja del director

Una madre madrileña recibe una carta del colegio de su hijo comunicándole que este ha sido expulsado. Entonces va a hablar con el director y le pide explicaciones.

—Pues a su hijo le hemos echado por mear en la piscina.

—¡Menuda tontería! Si mucha gente lo hace, incluso yo lo he hecho alguna vez.

—¿Ah sí? ¿Y también lo hace desde el trampolín, como su hijo?

En guerra contra Estados Unidos

Estados Unidos corta muchas de las importaciones procedentes de Europa, y entre los países afectados económicamente está Andorra. Al ministro de defensa de Andorra, que es madrileño, chulo como el que más, no se le ocurre mejor idea que declararle la guerra a los norteamericanos. El ministro de defensa estadounidense se lo comunica al presidente:

—Señor presidente, ¡nos han declarado la guerra!

—¿Quién es el iluso? ¿Rusia? ¿Oriente Medio?

—No, Andorra.

—¿Queeeeé?

—¡Sí, sí!, ¡como lo oye! Hay que ir allí y ver si hay forma de solucionarlo amistosamente.

El ministro viaja a Andorra y concierta una entrevista con su homólogo andorrano. Se dirige al Ministerio.

—Buenos días, tengo una cita con el señor ministro de defensa.

—Sí, está en el campo de entrenamiento, ahí fuera, preparando la guerra.

El ministro de Estados Unidos sale y ve a un militar entrenando a 50 hombres (todo el efectivo belicista de Andorra). Se acerca a él:

—Buenos días, supongo que me reconoce. Soy el brazo derecho del honorable presidente de los Estados Unidos. Perdóneme, pero no acabamos de entender cómo se le ocurre declararle la guerra a un país como el nuestro.

—¿Ah, no, por qué no?

—Pero, hombre, ¿no ve que nosotros le podemos mandar una impresionante flota de tanques y aviones y que contamos con un armamento que los dejaría secos en dos días?

—¡Bah, pero hasta que lleguen aquí! —responde el madrileño con indiferencia.

—Razone un poco, hombre. Tenemos una cuadrilla completa de aviones TJ-619.

—Bueno, y nosotros dos aviones de ICONA.

—Y les podemos mandar hasta cinco millones de soldados especialmente entrenados, que...

—¿Cuántos ha dicho?

—Cinco millones.

—En ese caso, no hay guerra. Andorra es un país muy pequeño y no nos cabrían los prisioneros.

Paternidad

En una maternidad hay un tipo del Congo, un madrileño y un catalán. Aparece la enfermera y dice:

—Tenemos un problema. Se nos confundieron los bebés y ahora no sabemos de quién es cada uno. Tenemos dos bebés blancos y uno negro.

Los tres nuevos papás deciden echarse a suertes quién escoge a su bebé en primer lugar y gana el madrileño. Entonces, entra en la maternidad y sale con el bebé negro, y el del Congo le dice:

—Mire, señor, el bebé es negro, yo soy negro, mi esposa es negra, así que este bebé es mío. Escoja uno de los blancos.

—¿Está loco? ¿Y si me toca el catalán?

Sermón dominical

Un cura madrileño es destinado a una parroquia de Cataluña. En el sermón del domingo se expresa así:

—Amados feligreses; hoy vamos hablar de Adán y Eva y de lo que les ocurrió en el paraíso; tenemos, en primer lugar, a Adán, hombre honrado y noble, sincero y bueno como no podía ser de otra forma dado que era madrileño... A su lado tenemos a Eva, mujer pérfida, envidiosa, avara y traidora..., claro, normal, puesto que era catalana.

Los feligreses, enfadados, se van de la iglesia y al día siguiente presentan sus quejas al obispo, quien manda llamar al cura y le amonesta severamente, prohibiéndole que en futuros discursos haga más menciones de catalanes y madrileños.

Llega el siguiente domingo y el cura empieza un nuevo sermón:

—Amados feligreses, hoy vamos hablar de Caín y Abel. Tenemos, en primer lugar, a Abel, un ser sano, inocente y puro, un buenazo lleno de virtudes... que, por cierto, era hijo de Madrid... Por el contrario, su hermano Caín era malvado, traidor, rencoroso y mezquino, que, dicho sea de paso, había nacido en Sabadell.

Se repite el enfado entre los feligreses y una nueva queja al obispo. Este manda llamar otra vez al cura y le da un ultimátum, asegurándole que la próxima vez que se repita la historia, hablará con el Papa para que le excomulguen.

Llega el tercer domingo y el cura empieza su sermón:

—Amados feligreses; hoy vamos hablar de la última cena. Estaba Jesucristo con sus discípulos y les dijo: «Hijos míos, esta noche uno de vosotros me va a traicionar». Entonces san Pedro pregunta: «¿Seré yo acaso, maestro?». A continuación, es san Juan quien pregunta: «Maestro, ¿acaso soy yo quien te va a traicionar?». Así sucesivamente hasta llegar a Judas, que pregunta: «*Mestre*, ¿puedo mojar un poquito de pan en el vino, *si us plau*?».

Elucubraciones

En un vagón de tren viajan una gorda, una rubia guapísima, un catalán y un madrileño. De repente, el tren se mete en un túnel y se queda el vagón a oscuras; entonces se oye un guantazo enorme: «¡Plasss!», el tren pasa el túnel y vuelve la luz.

Los cuatro pasajeros se quedan pensando en lo que ha podido ocurrir.

La gorda piensa: «Seguro que el madrileño le ha metido mano a la rubia, la rubia se ha mosqueado y le ha dado un guantazo».

La rubia piensa: «Seguro que el madrileño ha intentado meterme mano, se ha equivocado y la gorda le ha dado una torta».

El catalán piensa: «Seguro que el madrileño le ha metido mano a la rubia, la rubia se ha equivocado y me ha dado el tortazo a mí».

El madrileño piensa: «A ver si llega otro túnel y le meto otra leche al catalán».

Aragoneses

En el fútbol

Dos amigos en el Bernabeu:

—Mira, esos dos de ahí enfrente son baturros.

—Pero ¿cómo lo sabes si están muy lejos?

—Porque cada vez que pasa por allí la ola cogen aire y se tapan la nariz con la mano.

Cabeza dura

Un maño que está trabajando en un rascacielos se cae desde el décimo piso: ¡¡¡Ziiuuuuuuuummmm!!! ¡¡¡Ploff!!! Toda la gente que hay en los alrededores se acerca asustada. El maño se levanta y dice:

—¡Ostri!, ¡si no llego a caer de cabeza, me mato!

Una novia mañica

—He dejado de hacer pesas y me he echado una novia de Zaragoza.

—¿Y eso qué tiene que ver?

—Más vale maña que fuerza.

A cuál más dura

Dicen las malas lenguas que un aragonés, cabezón como todos ellos, hundía un clavo en la pared a cabezazos hasta que, a partir de cierto momento, el clavo dejó de penetrar porque un vasco había puesto su cabeza al otro lado del muro.

La vaca

Un baturrico está haciendo autoestop con su vaca. Le para un tipo que conduce un Mercedes y le dice:

—¡Oiga, abuelo, yo le llevo, pero la vaca tendrá que ir atada al parachoques, que luego el olor...!

—¡Nada, sin problemas!

—Pero le advierto que este coche corre mucho y, claro, la vaca...

—¡Nada, la vaca corre que se las pela!

—Bueno, bueno, usted verá. Suba.

El tipo del Mercedes arranca el coche y va mirando por el espejo retrovisor a la vaca, que por el momento sigue el paso tan campante. Un poco picado, el conductor acelera y vuelve a mirar a la vaca que sigue el ritmo sin demasiada dificultad. Ya muy cabreado, el del Mercedes pisa el acelerador y se pone a 150 km/h, mira a la vaca y una gran sonrisa se dibuja en su cara, ya que ve al animal con la lengua fuera. Le dice al baturro:

—Oiga, abuelo, así que la vaca corre que se las pela ¿eh?, ¡je, je, je! La pobre va ya con la lengua fuera.

—¡No me diga! ¿Y para dónde la lleva, para la izquierda o para la derecha?

—Pues... para la izquierda.

—Pues apártese hacia la derecha, que eso es que le pide paso.

Baturro enfermo

—¿Tomó usted las píldoras que le receté?

—Sí, señor médico, pero lo que más me ha costao de tragar ha sido la cajica.

Un mañico en el hospital

El enfermero acompaña a la cama al maño que está hospitalizado y le pregunta:

—¿Tiene usted pijama?

—No —contesta—, tengo ciática.

El crucifijo

Una pareja de recién casados de pueblo va a visitar a unos parientes en la ciudad. El novio, cuando le enseñan el piso que tienen los de la capital, no hace más que exclamar:

—¡Esto no lo hay en el pueblo, esto sí que es bonito!

La pobre novia, a la vista de todas las maravillas y adelantos, recuerda su casa, que le parece tan pequeña... Está muy cohibida y no dice nada, pero al entrar en el dormitorio de los parientes una gran sonrisa ilumina su rostro:

—¡Fíjate, Pepe! El crucifijo es de la misma marca que el nuestro, también es un I.N.R.I.

Cuestión de olores

Dos baturros juegan a la rifa y a uno le toca un cerdo.

—Oye, mañico, ¿y ahora qué vas a hacer con el cerdo?

—Pues mira, lo guardaré bajo mi cama.

—Oye, pero si huele mal...

—Pues que se fastidie el cerdo.

Cabezonería

¿Cómo metes a 300 aragoneses dentro de un seiscientos?
   Diciéndoles que no caben.

Más cabezonería

¿Y cómo los sacas?
   Diciéndoles que en la esquina hay uno más pequeño.

El pato

Un maño y un francés están discutiendo sobre quién de los dos es el dueño de un pato. Como no llegan a ningún acuerdo, el maño propone lo siguiente:
   —Mira, podemos arreglarlo echando un pulso: el que le pegue al otro la patada más fuerte en la espinilla se queda el pato.
   —Vale, de acuerdo, empieza tú —accede el francés.
   Entonces, el maño le pega una patada descomunal al francés. Este, cuando se ha recuperado, se dispone a dar su patada al maño, pero entonces este le interrumpe:
   —Pero ¿qué dices? ¿Ahora me quieres pegar tú a mí? ¡Venga ya, hombre, no vamos a discutir por un pato!

Estadísticas

En un pueblecito de Aragón el cura se dirige a sus paisanos en la misa de domingo y dice:
   —Feligreses, según las últimas estadísticas, somos el segundo pueblo de España que más tacos dice y... ¡mecagüen..., hostia, que tenemos que ser los primeros, joder!

¡Mañoooo!

Dos maños van charlando tranquilamente por el Moncayo, cuando de repente uno de ellos se cae por un barranco:

—¡Mañooo! —grita uno desde la punta del Moncayo—. ¿Te has hecho daño?

Y el otro le contesta:

—No, mañico, ¡todavía noooooooo!

Los intereses son los intereses

En la ventanilla de una estación de ferrocarril se presenta un baturro:

—Pronto, ¡un billete, por favor!

—¿Adónde va, señor?

—Usted no se meta en lo que no le interesa. ¡Deme un billete y basta!

El tren

Bartolo, un maño que acaba de perder el tren, exclama:

—¡Que se fastidien los del tren, que yo me voy andando!

Y efectivamente, ¡se fue andando!

Uno clásico

Un baturro iba sobre su burro tranquilamente por la vía del ferrocarril; de repente, se oye el silbido del tren, que aparece detrás de la montaña, y el baturro se gira y dice:

—¡Chufla, chufla! Que como no te apartes tú...

Otro de trenes

A las doce de la noche vuelve el maño a su casa lleno de cardenales. Al verle en tal estado, su mujer le pregunta:

—¿Qué te ha pasado, maño? Yo te hacía en Madrid.

—Pues no, no he podido ir —le contestó el baturro refunfuñando.

—¿Es que no has cogido el tren?

—Lo intenté unas siete veces, pero era demasiado grande el desgraciado.

Modernos

Dos cómicos hablando:

—Últimamente, los maños se han modernizado.

—¿Qué quieres decir, ya han dejado de tirar tomates?

—No, pero ahora los tiran en lata.

Visión de futuro

Se produce la reforma agraria en Aragón y mandan a un perito agrónomo norteamericano para estudiar las condiciones de vida, el terreno, el ganado, etc. Llega a Huesca vestido muy estrambóticamente, como la mayoría de estadounidenses, pero además lleva un gorro cordobés y una gaita debajo del brazo para confraternizar mejor con el país. Se encuentra a un baturro sentado debajo de un árbol, y con un acento totalmente americano le dice:

—Buenos días, buen hombre. Yo ser turista americano. ¿Le importaría que yo hacer preguntas un poco personales?

El baturro lo mira indiferente:

—Pues no, ¡allá usted!

—¿Qué hace acá?

—Cuido las cabras.

—¡Oh! Yo felicitar, ¿todas esas cabras ser suyas? ¿Por qué no vender sus cabras y comprar vacas?

—¿Ein?, ¿para qué?

—Porque así poder vender mitad vacas y comprar terreno. En terreno poner otra mitad de vacas, cercar con alambrado, y así no tener que cuidar si animales escapar.

—¡Ya!, ¿y qué?

—Luego usted hacer reproducción artificial con vacas, y cuando tener muchas vender mitad y comprar con dinero camión.

—¿Y esooo?, ¿un camión?

—Con camión usted reducir costes transportes ganado y forrajes, ¿entender? Luego con ahorro comprar más terreno y más vacas.

—¡Ah!, ¿más aún?

—Luego comprar frigorífica también.

—¡Si ya tenemos nevera en casa!

—¡Oooh, jo, jo, jo! Pero comprar gran frigorífica industrial para mantener fresca carne de vacas que usted mismo sacrificar. Así usted ser gran empresario de la carne y exportar exterior...

—¿Y así qué?

—Pues permitirse dejar empleados en empresa y usted dedicar sólo a descansar.

—¡Ostri, tanto rollo! ¿Y qué cree que estoy haciendo ahora?

El ganado

Un individuo de visita en un pueblo de Teruel ve a un baturro que está alimentando a uno de sus cerdos por el procedimiento de cogerlo en brazos y levantarlo hasta que puede comer las bellotas directamente de la copa de la encina. El hombre observa durante un rato y ve que cuando el cerdo ha acabado de comer, el granjero lo lleva dentro de la pocilga, coge otro cerdo y repite la misma historia. Cuando va por el cuarto cerdo, el visitante no puede resistirse:

—Oiga, ¿no sería mucho más rápido que usted cogiera las bellotas de la encina y se las diese a los cerdos?

—Pues, mire, es posible, pero los cerdos no tienen ninguna prisa.

Y el último, de trenes

Un chulo madrileño le pregunta a un baturro:

—¿Y tú siempre viajas con tus animales?

—No, a veces sólo viajo con los animales que encuentro en el tren.

Argot

—¿Cómo se dice en aragonés: «Por favor, ¿puede usted repetir lo último que ha dicho que no lo he entendido?».

—¡¡¡¡¿Mandeeeeeeeee?!!!!!

Vascos

En la mili

—¡Compañía, armas al hombro! ¡Patxi, el cañón no!

En el médico

El médico a un señor vasco:
    —Pues, señor Uritricoetxea, su hijo tiene el brazo roto, le pondremos una escayola...
    —¡Pasa, pues! ¡Póngale mármol, que tengo dinero!

La sierra mecánica

Un vasco va a comprarse una sierra mecánica:
    —Buenos días, pues, venía porque ya estoy cansado de usar el hacha, hay que modernizarse, así que me han recomendado que me compre una sierra mecánica.
    —Pues le han aconsejado bien, precisamente tenemos esta de oferta, último modelo, la más potente del mercado, que le corta cien árboles en una hora sin el menor esfuerzo.
    El vasco se lleva la sierra muy satisfecho, pero al cabo de una semana vuelve:

—¡Pasa, pues! ¿Se acuerda de mí? Me vendió esta sierra y me dijo que me hacía cien árboles en una hora y ¡de eso nada, eh! Lo más que me he hecho han sido cuatro en una hora, vamos, más o menos como con el hacha.

—¡Ummm! Pues está garantizada. Espere a ver...

El dependiente arranca la sierra:

¡¡Gggrrrrrr!! ¡¡ggrrrrr!!

El vasco se queda mirando muy extrañado y dice:

—¡Leche! ¿qué es ese ruido?

El millón

Dos amigos vascos se encuentran:

—Hola, Josechu, ¿qué tal?

—Pues mira, me ha tocado un millón en la lotería.

—¿Sí? Pues qué suerte, ¿no?

—¡Pssscheee!... Lo que jugaba...

La motocicleta

Un vasco va en su motocicleta cuando ve un camión atascado en el barro y se acerca a echar una mano.

—Hola, buen hombre, ¿le puedo ayudar a sacar el camión?

—Pues sí, la verdad es que le agradecería que fuese hasta el pueblo de al lado para llamar una grúa.

—No, hombre, ¿para qué vamos a llamar a una grúa? Yo le puedo sacar el camión con mi motocicleta, que va a ser más rápido y más barato.

—¿Con la motocicleta? Me temo que eso no es posible.

—¡Que sí, que sí! Venga, ¿tiene cadenas?

Finalmente, el accidentado le hace caso, enganchan las cadenas a la motocicleta y el vasco consigue sacar el camión del barro. El dueño del camión, sorprendidísimo, dice:

—¡Es increíble! Cuando se lo cuente a mis amigos no se lo van a creer. ¡Desatascar un camión tan grande remolcándolo con una motocicleta!

—Bueno, pues entonces no les diga que tenía la motocicleta estropeada y que lo he sacado pedaleando.

Guggenheim

Patxi se encuentra a Andoni y le dice:

—¡Patxi, Patxi! ¿Sabes que han traído el Guggenheim por 250 millones?

A lo que responde Andoni:

—¡Y qué más da el precio, mientras meta goles!

Mapamundi

Un vasco entra en una librería:

—Oiga, ¿me da un mapamundi de Bilbao?

Fe

—Oye, Patxi, ¿tú crees en Dios?

—¡Anda! ¿Y quién es ese?

—¡Sí, hombre, el de me cago en...!

Auténtico

Dice Patxi a un amigo:

—Los de Bilbao somos los más fuertes, los más guapos, ¡leche!, que sí, ¡que somos los mejores!

—Pero, Patxi —contesta el otro—, si tú eres de Burgos, hombre...

—¡Pero qué pasa! ¿Qué los de Bilbao no podemos nacer donde queramos, o qué?

La moto

Un bilbaíno estaba mirando a lo lejos, con la mano sobre los ojos, como buscando algo. Mientras lo buscaba ponía cara de extrañeza. En esto viene otro vasco y le dice:
    —Patxi, ¿qué haces?
    —Aquí, arrancando la moto.
    —¡Pues, Patxi! Si eso se hace con una patadita.
    —¡Aibá!, ¿pues qué te crees que he hecho?

El préstamo

Un vasco va al banco:
    —Venía a pedir un préstamo.
    —¿Cuánto quiere?
    —¿Cuánto tiene?

La multa

En San Sebastián un agente de tráfico para un coche:
    —¡Alto! Se ha saltado un semáforo en rojo. Le tengo que poner una multa. Dígame, ¿cuál es su nombre?
    —Josetxu Irriboteneaindiaguirre Urrutxomengasalerría y Mangorzalluz de Gurruchagoitiaga.
    —Bueno, por esta vez pase, pero que no se repita, ¿eh?

El muro

Un vasco va por la calle lleno de heridas, magulladuras y moratones. Un amigo lo ve y le dice:

—¡Aibá, Patxi, qué pintas! ¿Qué te ha pasao?

—Pues nada, oye, que iba con la moto por la carretera y vi a lo lejos un muro que ponía: «Se traspasa», ¡y era mentira, pues!

Fimosis

Dos bilbaínos charlando:

—Oyes, pues, Patxi, ayer me operaron de fimosis.

—¿Y eso qué es?

—Pues, oyes, que te quitan el pellejito de la punta del pichurro.

—¡Ah!, ¿y luego qué hacen con el pellejito, Aitor?

—Pues otros no sé, pero yo me he hecho esta chupa tan guapa que llevo.

Otras culturas

Dos vascos:

—Oye, Patxi, ¿sabes que fuera hay otras culturas?

—Ah sí, y ¿qué levantan?

Infinito

Dos niños vascos salen de un examen de matemáticas y uno le dice al otro:

—¿Cuánto te ha dado en el segundo problema, Aitor?

—Infinito.

—¿Sólo?

Dios

Un vasco está en su casa caminando por el pasillo, de repente tropieza y se cae. Su mujer exclama:

—¡Ay, Dios!

Y él dice:

—Tranquila, Maitetxu, ¡que en casa me puedes llamar Patxi!

La apuesta

Dos vascos a la orilla de un río:

—Oye, Patxi, ¿qué te juegas a que no cruzas a nado hasta la otra orilla, que hay 200 metros, pues?

—Pues me apuesto quinientos euros.

¡Chof, chof, chof! Nada 50 metros, y bien. ¡Chof, chof, chof! Ya lleva 100 metros, empieza a estar cansado. ¡Chof, chof, chof! 175 metros, está muy cansado. A los 190 metros:

—¡Ya no aguanto más! ¡Me vuelvo!

A nado

Dos vascos nadando por el río Ebro. De repente uno se va quedando atrás y el otro le dice:

—Oye, ¿qué te pasa Iñaki?

—Aibá, pues, que me va dando el pichurro en el fondo.

—Pues nada de espaldas, Iñaki.

—Sí, hombre, ¿y el puente de Tudela qué?

Tacos

Dos vascos:

—Oye, Patxi, mira qué dicen en la capital, que de cada tres palabras que decimos los vascos, dos son tacos.

—¡Hostia! ¡No jodas!

Hambre

Un vasco entra en un bar, unos amigos suyos lo ven:

—¡Hombre, Patxi! ¿Qué tal? Hacía mucho que no te veíamos.

—Pues sí, mira, es que he estado durante seis meses en alta mar, pescando atunes.

—¡Jo, tío! ¡Seis meses! O sea, que habrás vuelto con una hambre tremenda, ¿no?

—¡Ya te digo! Lo primero que hice al llegar a casa fue coger a mi esposa y echarle seis polvos.

—¡Ya! ¡Normal! ¿Y luego?

—Luego dejé las maletas en el suelo y cerré la puerta.

Precoz

Se encuentran dos vascos por la calle y uno le dice al otro:

—¿De dónde vienes, Aitor?

—Pues nada, que he ido a comprar 300 vacas, 300 bueyes, 400 ovejas y 30 toneladas de madera.

—¡Ostras! ¡Sí que montas pronto el belén este año!

¿De vacaciones?

Se encuentran dos de Bilbao en Alicante, y le dice uno al otro:

—¡Hombre, Txomín! ¿Cómo tú por aquí?, ¿de vacaciones?

—¡Qué va, buscando aparcamiento!

El peñoncito

—¡Patxi, deja esa piedra! ¡Que dejes esa piedra, que es de los ingleses, pues!

La cabina

¿Cuántos vascos hacen falta para llamar por teléfono?

Dieciséis, uno para meter el dedo en el disco y quince para girar la cabina.

Guiness

Un vasco aparece en el Guiness como la persona que ha comido mayor cantidad de huevos seguidos. Un periodista le pregunta:

—¿Y cómo consiguió comer usted tantos huevos seguidos?

—Ya ve, a fuerza de pan.

Consejos paternos

En Bilbao, un padre dando consejos a su hijo, que se va a estudiar fuera:

—Y ya sabes, Patxi, cuando estés por ahí fuera, tienes que tener buena educación y no preguntar a nadie de dónde es.

—Aibá, pues, aita, y... ¿por qué no le tengo que preguntar a nadie de dónde es?

—Pues porque si es de Bilbao, ya te lo dirá él, y si no es, no le tienes que hacer pasar vergüenza.

Mapamundi, otra vez

—Hola, buenas, ¿me da un mapamundi de Bilbao?

—¿Margen derecha o margen izquierda?

Un bilbaíno

¿Cuál es la diferencia entre Dios y un bilbaíno?

Que Dios está en todas partes... Y el bilbaíno ya ha estado.

Atlántico

Definición de Atlántico de un vasco:
«Océano situado entre África, Europa y América, y que desemboca en el Nervión».

El seiscientos

Entra un vasco en la taberna bilbaína y le dice un amigo:
—Hola, Iñaki, ¿qué, te has comprado un 600?
—Sí, pero hace muy poco, ¿tú cómo lo sabes?
—Porque lo llevas de mochila.
—Leche, ¡otra vez el cinturón de seguridad!

Vascos al volante

Un Mercedes está parado en la carretera y no deja pasar a un vasco que iba en un 600. Este no para de pegar bocinazos: «Píííí, pípííí». El del Mercedes, que era inglés, asoma la cabeza y dice:
—La paciencia es la madre de la ciencia, William Shakespeare.
Por fin el del 600 puede adelantarlo, y entonces es el del Mercedes el que pita: «Píííí, pííí». Saca la cabeza por la ventanilla el vasco y dice:
—Jódete cabrón, Camilo José Cela.

Una carrera

—Oye, Patxi, ¿te hace una carrera?
—Venga, horizonte y vuelta.

Inteligencia

—Oye, Patxi, conozco a un tío más inteligente que tú.
   —¿Sí, y cuánto levanta?

Conversación

Le dice un vasco a otro:
   —Oye, Gorka, ¿cómo murió tu padre?
   —De cataratas, pues.
   —¿Le operaron?
   —No, lo empujaron en el Niágara.

Te pongo papel

Una familia de vascos pintando el salón de su casa, y le dice Mirentxu a Patxi:
   —¿Te pongo papel, Patxi?
   —No, Mirentxu, que llego igual.

El establo

—Oye, Patxi, ¿tus vacas fuman?
   —No.
   —Pues se te está quemando el establo, pues.

Por lo menos...

Se encuentran dos amigos vascos y uno le dice al otro:
   —Hola, Txema, ¿dónde está tu hija?
   —Está en la cama con gonorrea.
   —Bueno, por lo menos es vasco.

En la farmacia

Un madrileño entra en la farmacia de Iñaki en Bilbao.

—Hola, buenos días, ¿me da una aspirinita?

—¡Qué leche aspirinita, chaval! Aquí sólo hay aspirinotas, así que toma y te la llevas rodando, pues.

—Bueno, vale, ¿y me da también un jarabito?

—Pero ¿qué dices? En la farmacia de Iñaki sólo hay jarabote en garrafa y al trago, pues. ¿Quieres algo más?

—¡No! ¡Los supositorios ya los compraré en Madrid!

El desayuno

Baja Patxi a desayunar al comedor y le pregunta su madre:

—Oye, Patxi, ¿qué quieres desayunar hoy?

—¡Colacao, joder! —responde Patxi.

—¿Cómo? —pim, pam, pum, tres guantazos como tres soles para Patxi.

Baja el padre y la madre le dice:

—Oye, cariño, le pregunto a Patxi qué quiere para desayunar y me dice que Colacao, joder.

—¿Cómo? — Pim, pam, pum, tres guantazos como panes para Patxi.

Baja el abuelo, y la misma historia. Pim, pam, pum, tres tortazos para Patxi. Bajan los demás familiares, abuela, hermano mayor..., con el mismo resultado.

Al día siguiente baja Patxi a desayunar con la cara como un globo, y la madre le pregunta:

—Bueno, Patxi, ¿qué quieres desayunar hoy?

—¡Colacao no, joder!

Sexología

Son compañeros de asiento en el avión una mujer y un hombre que no se conocen. Ella saca un maletín lleno de revistas

pornográficas masculinas y las mira con mucho detalle. El hombre de su lado le dice:

—Pero, señora, ¿no le da vergüenza?

—Pues no —dice ella—. Mire, le voy a explicar, yo miro las revistas por razones profesionales, soy sexóloga y estoy preparando un estudio sobre el tamaño del pene.

El otro, más tranquilo, le pregunta qué conclusiones ha sacado.

—Ah, pues, mire, los árabes lo tienen más largo y los vascos más gordo.

—Excelente —dice el viajero—, disculpe que no me haya presentado: soy Hassan Zubizarreta.

Prueba de humildad

¿Cuál fue la máxima prueba de humildad y sencillez que dio Jesucristo?

Nacer en Belén, pudiendo haber elegido nacer en Bilbao.

La cuadrilla

Una cuadrilla de bilbaínos pasa por delante de un concesionario de Mercedes. Empiezan a señalar los coches de forma apreciativa:

—¡Aibá la leche, mira aquel!

—¡Oye, ese ya me gusta, ya!

—¡Mira, le voy a comprar ese a mi sobrino!

—Pues yo esos dos a mis hermanos.

Así que entran todos echando mano de sus carteras, cuando de pronto uno de ellos mira a todos haciéndoles un gesto y espeta:

—¡Eh, quietos paraos, que esta ronda es mía!

En el autobús

Esto es un vasco de pueblo de toda la vida que se va por primera vez a la ciudad. Como no tiene medio de transporte propio tiene que coger un autobús. Sube y observa cómo la mayoría de la gente coge una barra que hay pegada en el techo y dice:

—Anda, pues, tantos y no podéis —estirando la barra y arrancándola del techo.

De caza

Está un vasco cazando y le dice a un compañero (que no es vasco, claro):

—Desde aquí le puedo pegar a aquel pato entre los ojos.

—Imposible.

El vasco dispara, le pega entre los ojos, y el otro dice:

—¡Dios mío!

—No, hombre, no, puedes llamarme Patxi.

La cuesta

Dos niños, uno de ellos vasco, están subiendo en bicicleta una cuesta bastante empinada. El vasco está sudando, pero el otro está absolutamente machacado, con la lengua fuera y con claras señales de estar sufriendo calambres. Cuando han llegado a lo alto, el que está destrozado le dice al vasco, entre jadeo y jadeo:

—Oye, vaya cuesta, ¿no?

El vasco contesta:

—Ya te digo, estaríamos todavía en el fondo de no haberla subido con los frenos puestos.

El barril

Se encuentra Antxon a Patxi, que va rodando por la calle un enorme barril.

—Hola, Patxi, ¿dónde vas con ese barrilón, pues?

—Aibá, Antxon, ¿pues dónde voy a ir? Al doctor...

—¿Al doctor? ¿Y por qué vas con el barril ese?

—Es que me dijo que volviera con la orina al cabo de seis meses...

Parco en palabras

Los vascos son famosos por ser hombres de muy pocas palabras.

Patxi va un domingo a misa, y el cura pronuncia un sermón de dos horas hablando del pecado. Vuelve a casa y le pregunta su mujer, que estaba enferma en la cama.

—¿De qué ha hablado el cura, Patxi? ¿Me lo quieres contar?

—Sí, mujer. Ha hablado del pecado.

—¿Y qué es lo que ha dicho?

—Que no era partidario.

La pintura

Dos vascos de vacaciones en Madrid. Al pasar por delante del museo del Prado:

—Oye, Patxi, ¿a ti te gusta la pintura?

—Sí, pero más de dos botes me empalaga.

El metro

¿Cómo llaman al metro en Bilbao?

Kilómetro.

Bebés

Hay tres bebes en la maternidad, y dice el primero:
—Yo tengo que ser un niño porque tengo los patucos azules.
Le responde el segundo:
—Pues yo soy una niña porque tengo los patucos rosas.
Y el tercero contesta:
—Pues yo debo de ser de Bilbao porque los huevos no me dejan ver los patucos.

De cabeza

Un bilbaíno en lo alto de la torre Eiffel. Al asomarse para mirar abajo tropieza y se cae. El vasco pega un cabezazo en el suelo impresionante, pero se levanta y dice:
—¡Aibá, la leche, si no llego a tener la boina puesta me mato!

De mudanza

Patxi va cargado con un armario y se encuentra a Mikel, que le pregunta:
—Aibá, Patxi, ¿dónde vas cargado con el armario?
—Pues, mira, de mudanza.
—¿Y no te ayuda alguien?
—Sí, mi tío.
—¿Y dónde va, pues?
—Dentro, sujetando las perchas.

La amputación

Un vasco tiene un accidente con una máquina que le pilla la pierna y lo tienen que llevar al hospital desangrándose.

—¿Cómo lo ve, doctor? —pregunta el vasco.

—Muy mal, muy mal. Lo siento, pero le tenemos que cortar la pierna.

—Pues córtela, pues. ¿A qué espera?

—Es que tiene que venir el anestesista.

—¿Y para qué? Usted corte y ya está.

El doctor empieza a cortar sin anestesia con una sierra. Ñic, ñac, ñic, ñac...

Al cabo de un rato el vasco se queja:

—¡Huy! ¡Huy!

—Sí, esto debe de doler muchísimo —dice el doctor.

—No, no, siga, es que ahora que llega al hueso me da dentera.

La patada

Un padre vasco a su hijo también vasco:

—Oye, Iñakitxu, ¿cómo es que el burro va llorando?

—Es que me ha soltado una patada y yo se la he devuelto.

La autopsia

Están haciendo una autopsia a un bilbaíno. El forense hace un corte en un brazo y sale serrín. Repite la misma operación en la pierna y otra vez serrín. Entonces el forense dictamina:

—No hace falta seguir, ha muerto de un derrame cerebral.

Tiene mérito

Un vasco entra en un restaurante en Bilbao y le dice al camarero, que es andaluz:

—De primer plato, me traes siete tortillas de patatas, de las grandes; de segundo plato, dos bacalaos al pil pil, y de postre, ya te lo diré después, mientras me lo pienso.

Y le dice el camarero:

—Vosotros, los vascos, siempre tan exageraos, y a lo bestia, en plan macho, yendo de duros, pero me parece a mí que a la hora de la verdad, nada de nada...

—¿Cómo que no? ¡Pues naturalmente que sí, oye!

—Ya, claro. Bueno, vamos a ver: ¿tú cuantas veces haces el amor a la semana?

—Pues, mira, dos veces.

—¡Ah! Ahí te he pillado. Yo lo hago siete veces a la semana.

—Sí, claro, pero tú eres camarero.

—Bueno, ¿y qué tiene que ver?

—¡Aibá, pues, que yo soy el cura de Basauri!

El topo

Un topo está destrozando la cosecha de un pequeño pueblo vasco, por lo que organizan una batida y lo cazan.

—¿Y qué hacemos con él, pues? —pregunta el alcalde.

—Se lo damos al tío Iñaki, que es al que más le ha fastidiado la cosecha, y como es más bestia que nadie seguro que se le ocurre alguna barbaridad.

Al día siguiente:

—Tío Iñaki, ¿cómo mataste al topo? Con lo que te destrozó la cosecha le darías su merecido, ¿no?

—Aibá, pues, claro, para que sufriera, lo enterré vivo.

Pueblos

Dos individuos hablando:

—¿De dónde es usted?

—Yo, de Don Benito, pueblo de la provincia de Badajoz. ¿Y usted?

—Yo, de Donostia.

—Bueno, bueno, tampoco es para ponerse así...

Vasco también

Dos vascos hablando en una tasca mientras se toman unos chiquitos y le dice uno a otro:

—Oye, Patxi, ¿te has enterado de que Jesús nació en Vitoria?

—Pues, no. ¿Y tú cómo lo sabes?

—Pues nada, que el otro día estuve en la iglesia y oí decir al cura que Jesús era Dios y hombre a la vez.

Uno de la Real y el Athletic

Un partido de fútbol entre la Real Sociedad y el Athletic de Bilbao. Gana el Athletic y los forofos bilbaínos se van a celebrarlo por los bares de Donosti. Un grupo de ellos entra en un bar y pide agua de Bilbao. El camarero les trae agua mineral y los bilbaínos, con mucha condescendencia y prepotencia, le explican que en Bilbao al champán lo llaman agua de Bilbao. El camarero les pone champán. Cuando se lo terminan, piden la cuenta. El camarero, con naturalidad, les dice:

—No, en San Sebastián el agua no la cobramos.

El camión

Dos vascos ante un camión gigantesco propiedad de uno de ellos:

—Iñaki, qué hermoso y bien cuidado tienes el camión.

—Es que sólo tiene cuatro meses.

—Pues cuando cumpla el año no te cabe en el garaje.

En el barbero

Entra un vasco a una barbería y le comenta a uno de los peluqueros:

—Mira, Patxi, me vas a afeitar.

—¿Quieres que te enjabone, Josetxu?

—No, hombre, no, ya sabes, los vascos siempre a lo bruto, que para eso somos muy hombres, ya ves.

—Pero, hombre, así te dolerá.

—Nada, pues, tú a lo tuyo, coge la navaja y aféitame, pues, que para eso somos vascos.

El barbero comienza por una mejilla, y le hace un corte que parecía que le habían herido en la guerra. Al ver aquello, el barbero le pregunta:

—En la otra mejilla, ¿tampoco te pongo crema?

—¡Sí, en esta sí me pones, que mi madre es de Sevilla!

Informática

—Oye, Patxi, tenemos que ampliar el ordenador.

—Aibá pues, ¿y cuántos kilos le ponemos?

El metro

¿Por qué los de Bilbao se suben siempre al primer vagón del metro?

¡Pues porque los vagones sin conductor se pierden, hombre!

En la relojería

Un vasco va a Madrid a visitar a unos familiares, pero antes de llegar a su casa piensa en hacerles un regalo. Ve una relojería y entra:

—Hola, buenas, yo quería un reloj.

—¿Qué tipo de reloj quiere el señor?

—Por el dinero no hay ningún problema, así que el más grande que tenga.

—Tenemos este reloj de pared colgante, este otro de péndulo que se apoya en el suelo, este que ocupa la pared de arriba a abajo.

—¿Es ese el más grande?

—Sí.

—Pues ese me llevo. Lo pago ahora mismo. ¿Cuánto es?

—Cuatrocientos ochenta euros.

—Aquí tiene quinientos.

Paga el vasco y mientras espera el cambio se echa el reloj al hombro.

—Lo siento, señor, no tengo cambio, espere que mande al chico a cambiar para darle la vuelta.

—No se preocupe, deme usted la vuelta en relojitos de estos pequeños.

El ajedrez

¿Cómo se sabe en un campeonato de ajedrez que un jugador es vasco?

Porque es el único que baraja las fichas.

Campanas

¿Cómo tocan las campanas de la iglesia en San Sebastián?

Moviendo la torre.

Fresas

Está Patxi abonando un campo de fresas.

—¿Qué haces, Patxi?

—Aquí, echando estiércol a las fresas.

—Pero, kontxo, ¿no las has probado con nata?

¿Has sido tú?

En una noche tranquila, en un caserío cerca de Bilbao se oye un enorme pedo. El hijo pregunta:
—Padre, ¿has sido tú?
—Sí, hijo mío, he sido yo.
—Claro, ya me parecía mucho para la mula.

Veinte bilbaínos en un seiscientos

¿Sabes cómo meter a veinte bilbaínos en un seiscientos?
Los desinflas y caben en la guantera.

Postre

Llega un bilbaíno a un restaurante y le pide al camarero:
—Ponme una ensalada, dos platos de alubias rojas, tres chuletones, cuatro costillas y tres botellas de vino para acompañar.
—¿Y de postre? —le pregunta con sorna el camarero.
—Hombre, de postre nada, ¿que no ves que estoy a dieta, pues?

Temor

En la playa, una bilbaína le dice a su hijo:
—¡Xabi, saca a tu padre del río que no sabe nadar!
—¿Tienes miedo de que se ahogue, mamá?
—No, pues, tengo miedo de que se beba todo el río.

Detallista

En el bar, el camarero le dice a un cliente:
—Usted es de Bilbao, ¿verdad?
—Sí, ¿cómo se ha dado cuenta?
—Pues... por el porte, su recia personalidad, la posición que tiene en la barra, la fuerza de su voz y el pequeño detalle de que cuando se rascó la cabeza desgarró la chapela.

Dibujo

—Iñaki —dice el profesor—, ¿de dónde has copiado ese dibujo? ¿Acaso no sabes que las vacas no son tan gigantescas?
—¿Vaca? ¿Qué vaca? Si esta es una ternerita, pues.

Modestia

La única virtud que les falta a los bilbaínos para ser perfectos es la modestia.
—Oye, pues, ¿qué bonito es el perro *Puppy* ese, no?
—Sí, pues, ¿y la caseta que le hemos hecho detrás, qué?

Aperitivo

Un bilbaíno en la carnicería:
—Dame una ternera, Koldo.
—¿Cómo quieres que te la corte, Patxi?
—¡Pero qué dices! Si no la quiero para picar, la quiero para la cena, pues.

Cada quien con lo suyo

Un padre bilbaíno le pregunta al maestro de su hijo:
—¿Cómo va mi hijo en los estudios?
—Pues la verdad es que su hijo cada día engorda más y aprende menos.
—Claro, eso es porque usted es el que le enseña y yo soy el que lo mantiene, pues.

Lógico

Un padre bilbaíno, muy orgulloso, reconoce los méritos de su hijo:
—Te felicito, Iñakitxu, has logrado pasar de curso.
Y la madre interviene:
—Bueno, tampoco iba a tropezar diez veces con la misma piedra.

Resta

El profesor le pregunta a Patxi:
—A ver, Patxi, si tienes cuatro manzanas y te quito tres, ¿cuántas te quedan?
—Cuatro.
—¿Y las que te he quitado qué?
Y contesta el vasco:
—Nada, usted no tiene huevos para quitarme nada.

Universitario

El catedrático, desesperado, le dice a Antxon:
—¿No cree usted que después de veinte años de repetir el primer curso ya se le ha pasado la edad de estudiar?
—En absoluto, recuerde que soy de Bilbao.

Cabeza grande

Un bilbaíno tenía la cabeza tan grande, pero tan grande, que cuando tuvo un ataque de meningitis lo que más le dolió fueron los pies.

Difícil

Unos parroquianos en la tasca:
—¿Quién iba a pensarlo? —dice uno.
—Sí, ¿quién se lo iba a imaginar? —sigue otro.
—Pero, ¿a quién se le iba a ocurrir? —apunta un tercero.
—No lo sé, pero seguro que aquí, en Bilbao, a nadie.

Antes o después

Una madre bilbaína reprende a su hijo:
—¡Has matado al gato, Josechu! ¡Has matado al gato! Pero ¿a quién se le ocurre bañar al gato?
—Pero, mamá, si no lo maté al bañarlo.
—¿No?
—No, se murió cuando lo escurría para secarlo...

Insomnio

Un doctor bilbaíno rompe el récord al mantenerse despierto durante un año entero.
—He estado esperando al insomnio durante todo este año para vencerlo, pero no ha venido —declara.

Apetito

Dos bilbaínos se pasan desde las doce del mediodía hasta las doce de la noche comiendo, bebiendo y charlando. A esa hora, la medianoche, se levanta Patxi y dice:
—Bueno, ya es tarde, ¿a dónde vamos a cenar?

Misterio desvelado

¿Por qué en los encierros los toros corren hacia la gente que va delante?
Para escapar de los vascos que vienen detrás.

¡Qué bestia!

Va un vasco por el centro de San Sebastián con un burro sobre los hombros, y un turista al verlo exclama:
—¡Pero qué bestia!
Y el vasco contesta:
—Pues si viera lo bueno que me ha salido...

Lo peor

¿Sabes qué es lo peor que le puede pasar a un vasco?
Que le duela tooooda la cabeza.

Mucha tela

¿Sabes por qué los curas catalanes se encuentran tan a gusto en el País Vasco?
Porque con media chapela tienen para hacerse una sotana.

La viga

Llega un bilbaíno a un bar con una viga en el hombro y pide un café. Se lo bebe, lo paga y se va. Esta operación la repite durante varios días, y ya un camarero no aguanta la curiosidad y le pregunta:

—Oiga, ¿por qué viene usted a tomarse el café con una viga en el hombro?

—Es que el médico me ha dicho que tome el café bien «cargado».

Ordeñando

¿Cómo ordeñan las vacas los vascos?

Uno agarra a la vaca por las ubres y seis o siete suben y bajan al animal.

En el ejército

El sargento ante su destacamento grita:

—¡Necesito un voluntario!

Salen de la fila tres soldados: un catalán, un andaluz y un vasco. El sargento le dice al catalán:

—¿Serías capaz de matar a tu madre por mí?

—Sí, señor.

—¿Serías capaz de arrancarme el bigote?

—No, señor.

Le hace las mismas preguntas al andaluz, que le responde lo mismo. Por último, se acerca al vasco y le pregunta:

—¿Serías capaz de matar a tu madre por mí?

—Sí, señor.

—¿Serías capaz de arrancarme el bigote?

El vasco se lo arranca; el sargento llora de dolor, y el vasco le dice:

—¡Y como llore, mi sargento, le reviento a leches!

Leperos

K.O.

¿Por qué en Lepe ningún boxeador pierde por K.O.?
Porque no saben contar hasta diez.

En el cine

¿Por qué los leperos van al cine con telescopios?
Para ver mejor las estrellas.

Fusilamiento

En plena guerra van a fusilar a tres hombres, entre ellos un lepero. Cuando van a disparar al primero, este grita:
—¡Un huracán, un huracán!
Todos salen corriendo y el hombre huye y se salva. Al día siguiente sacan al segundo prisionero, quien, habiendo visto lo que había pasado el día anterior, justo en el momento del disparo grita:
—¡Cuidado, un tifón!
Este hombre se salva también porque todos escapan despavoridos. Por fin, le toca el turno al lepero, que también

había visto lo acontecido con los otros prisioneros los días anteriores. El pelotón de fusilamiento se coloca, y una voz grita:

—¡Carguen!, ¡apunten!...

En ese momento, el lepero grita:

—¡Fueeego!

Palmeras

¿Por qué en Lepe no hay palmeras?
Porque tienen miedo al coco.

Jamón con aspirinas

¿Por qué en Lepe le ponen aspirinas al jamón?
Para que quede bien curado.

El teléfono

El alcalde de Lepe llega un día al ayuntamiento con las dos orejas vendadas. El portero se queda muy sorprendido y le pregunta:

—Señor alcalde, ¿qué le ha pasado en las orejas?

—Pues mire, es que ayer mi mujer estaba planchando al lado del teléfono cuando llamaron; total, que lo coge y me dice: «Tiburcio, es para ti». Entonces yo fui a cogerlo, pero me equivoqué y cogí la plancha... Y, claro, me quemé el oído derecho.

—¡Uf!, pues tenga cuidado con eso, pero... ¿qué le pasó en el izquierdo?

—Es que llamaron otra vez.

Madrid

¿Por qué los leperos no van nunca a Madrid?
   Para no cometer pecados capitales.

Astronautas

¿Por qué los leperos se consideran astronautas?
   Porque siempre están en la Luna.

Ordenando papeles

En el ayuntamiento de Lepe se ha ido acumulando un sinfín de papeles y ya no queda sitio en los archivos para registrarlo todo, así que un día deciden tirar los documentos inútiles para conseguir espacio libre. Una secretaria no está segura de si ciertos legajos son útiles o no y le pregunta al alcalde:
   —Señor alcalde, ¿tiramos también estos expedientes?
   —A ver..., mmmmm, pues, no sé... Bueno, tírelos, pero antes haga una fotocopia por si acaso.

Prohibido adelantar

A la entrada de Lepe hay una señal con un coche rojo y uno negro de prohibido adelantar. Debajo del letrero se ha instalado el siguiente cartel: «Para todos los colores».

Idiomas

Un campesino lepero con su hijo en la cuneta de la carretera. Se para a su lado un turista en un gran descapotable y les pregunta:

—*Excuse me, do you speak English?*

Padre e hijo se quedan mirando sin entender nada de lo que ha dicho el turista; de nuevo les pregunta, esta vez en francés:

—*Excusez-moi, parlez-vous français?*

Una vez más, los leperos no entienden nada y miran al tipo con indiferencia.

—*Parla italiano?*

Nada de nada. El turista, desesperado, arranca y se va.

El hijo dice:

—La verdad, papá, que en este mundo es muy importante saber idiomas.

—¡Sí, hijo, pa lo que le ha servío a ese!

El cubo de agua

Dos leperos, padre e hijo, están haciendo la siembra en su huerto. El niño mira el cubo que tenían al lado lleno de agua y al verse reflejado dice:

—¡Papá, papá, hay un hombre en el cubo!

El padre mira dentro del cubo y pregunta:

—¿El tuyo tiene boina?

—No.

—Pues entonces hay dos.

Inglés

Dos leperos, padre e hijo, durante el desayuno:

—Buenos días, hijo.

—*Good morning, father.*

—¿Ein?, ¿y eso?, ¿por qué me respondes así?

—Es inglés, papá, es que por las noches, antes de acostarme, pongo una emisora de radio en la que hablan inglés y así aprendo.

—¡Ah, pues qué bien!, mira, esta noche me la dejas a mí y así podremos hablarnos en inglés.

Al día siguiente:

—*Good morning, father.*

Y contesta el padre:

—Fsssfgsssfgsssssfffgssssssssssss.

Gin-tonic

En un chiringuito de Lepe hay un lepero y dos extranjeros pidiendo su bebida:

—Un *gin-tonic*, por favor —pide uno de los extranjeros.

—Para mí, un *gin and lemon* —dice el segundo.

Y el lepero:

—Yo también tomaré algo con *gin*, ¡deme un «bote-llín»!

Arrebú, arrebú

Es fiesta mayor en Lepe. Una orquesta ameniza la noche con éxitos de los sesenta. Al cabo de un rato de estar cantando, un grupito del público les grita:

—¡El Arrebú, el Arrebú!

Los cantantes, que no entendían nada, seguían con su repertorio habitual. Pasada media hora otra vez el grupito:

—¡Que canten el Arrebú, el Arrebú!

Ya estaban casi terminando el concierto y el grupo de lepe-ros seguía pidiendo la misma canción. Ya hartos, la orquesta deja de tocar y el cantante dice:

—Miren, nosotros solemos aceptar las peticiones del públi-co, pero es que esa canción del Arrebú que nos piden no la recordamos... ¿Por qué no nos cantan ustedes el estribillo a ver si la reconocemos?

Les dirige el micrófono y el público empieza a cantar:

—¡Arrebuscando en el baúl de los recuerdos... uuuhuuu...!

En el aeropuerto

En el aeropuerto, se oye por megafonía:

—Señores pasajeros, el vuelo con destino Nueva York despegará a las 12:00 horas.

¡Din don din!

—Señores pasajeros, el vuelo con destino Boston despegará a las 12:10 horas.

¡Din don din!

—Señores pasajeros, el vuelo con destino Londres tiene programada su salida a las 15:30 horas.

¡Din don din!

—Señores pasajeros, el vuelo con destino Lepe despegará... cuando en el reloj la aguja pequeña marque un 4 y la grande un 6.

Viernes

El alcalde de Lepe dictándole una orden al secretario:

—Convócame una reunión para el viernes.

—Señor alcalde —le replica el secretario—. ¿Viernes se escribe con *v* o con *b*?

—Aplázala para el lunes.

Marcos

Un lepero emigrante viene de Alemania para casarse. Un amigo le pregunta:

—¿Y vas a hacerte la casa?

—Sí, he traído 900.000 marcos.

—¡Coña, cuántas ventanas le vas a poner!

Nada

Está un padre lepero repasando la lección con su hijo:
—¿La *p* con la *a*?
—Pa.
—¿La *s* con la *a*?
—Sa.
—¿La *n* con la *a*?
—Na.
Al escuchar esta respuesta el padre le da un guantazo y le pregunta otra vez:
—¿La *n* con la *a*?
—¡Naaa!
El padre le da otro guantazo al niño. La situación se repite varias veces hasta que el padre alterado le pregunta una vez más:
—¿La *n* con la *a*?
—¡Na, papá, que es naaaa!
—¡Cómo que na, algo tendrá que ser!

El avión del rey

Dos leperos están mirando el cielo. Uno le dice al otro:
—Mira, Pepe, el avión del rey.
—¡Una leche! El avión del rey lleva dos «amotos» delante y dos detrás.

Falta personal

Se disputa el primer partido de baloncesto en la historia de Lepe. Comienza el partido, y cada vez que el árbitro pita falta personal, el entrenador local mete un nuevo jugador en la cancha. El entrenador visitante se da cuenta de que por el C. B. Lepe estaban en la pista 25 jugadores. Entonces paró el partido y le dijo al entrenador lepero:

—Pero, hombre, ¿no ves que sois 25 y nosotros sólo cinco?

—¡Joé!, pero si a mí me dice el árbitro que «falta personal», ¡yo qué voy a hacer!

La charca

Está el ejército de maniobras en las afueras de Lepe. Un tanque se dispone a cruzar una charca. El jefe de la compañía le pregunta a un lepero que estaba trabajando cerca del lugar si la charca es muy profunda. Este le dice que no, por lo que el militar manda al tanque que continúe. Llevaba un par de metros el vehículo caminando por la charca, cuando se hunde totalmente. Tras lo ocurrido el jefe de la compañía se dirige al labriego:

—Pero, buen hombre, ¿no me había dicho usted que no era muy profundo el charco?

—¡Joé!, ¡esta mañana había aquí unos patos y el agua sólo les llegaba por la cabeza!

Coche nuevo

Un lepero se apuesta con unos amigos que su nuevo y flamante Mercedes es capaz de ir a Barcelona en dos horas. Los amigos aceptan la apuesta y a las dos horas prometidas el lepero llama desde Barcelona y dice que ya va de vuelta. Pero pasan los días, las semanas y los meses y no aparece. Tras tres meses de ausencia, llega el lepero y los amigos le preguntan:

—Brosio, ¿qué te ha pasao?, ¿por qué has tardao tanto en volver?

—¡A ver si os creéis que mi coche corre igual p'alante que p'atrás!

Reconstrucción de los hechos

Se comete el asesinato de dos personas en Lepe. En la reconstrucción de los hechos mueren dos personas más.

La firma

Un lepero llega a un motel de carretera con una mujer despampanante y pide una habitación para pasar la noche. Cuando tiene que firmar en el registro hace una equis, pero luego se queda pensando un momento y decide añadir un círculo alrededor de la equis. El recepcionista, extrañado por el círculo, le dice con cara de complicidad:

—Es curioso, nunca había firmado nadie con una equis y un círculo.

El lepero se le acerca al oído y, guiñándole un ojo, contesta:

—Ya, pero es que esta no es mi esposa, así que no quiero poner mi firma verdadera, ¿entiendes?

La silla eléctrica

Van a ejecutar a prisioneros de guerra, entre ellos un lepero. En un gesto de deferencia, les dejan elegir cómo quieren ser ejecutados. El primer preso pide la silla eléctrica. Lo sientan en ella, pero resulta que la silla no funciona y lo dejan libre. Al salir el indultado pasa junto al segundo preso y le dice en voz baja que la silla eléctrica no funciona. Así, cuando le preguntan a este último cómo quiere ser ejecutado, pide la silla eléctrica y, como no funciona, también lo dejan libre. Al salir el nuevo indultado le dice al lepero que la silla eléctrica no funciona, pero cuando le preguntan cómo quiere ser ejecutado contesta:

—Pues como la silla eléctrica no funciona, prefiero la guillotina.

La máquina de la verdad

Un catalán, un vasco, un madrileño y un lepero, en la máquina de la verdad. Primero habla el catalán:
   —Yo pienso que los catalanes no somos tan tacaños.
   ¡Piiiiiii, piiiiiii!
   A continuación, el vasco:
   —Yo pienso que los vascos no somos tan brutos.
   ¡Piiiiiii, piiiiiii!
   Después, el madrileño:
   —Yo pienso que los madrileños no somos tan chulos.
   ¡Piiiiiii, piiiiiii!
   Por último, el lepero:
   —Yo pienso...
   ¡Piiiiiii, piiiiiii!

Entre leperos

¿Qué le dice un lepero a otro?
   —Shiquillo, ¿tú en qué chiste sales?

La pera

¿Por qué los leperos ponen una pera encima del televisor?
   Para tener antena *perabólica*.

Zapatos derechos

¿Por qué los de Lepe usan dos zapatos derechos?
   Para no caminar torcidos.

Las aceitunas

—Mamá, mamá, ¿las aceitunas caminan?
   —No, mi amor —responde ella.
   —¡Anda, entonces me he comido una cucaracha!

Fuera de juego

¿Por qué en los partidos de fútbol de Lepe han quitado el fuera de juego?
   Porque no hay nadie adelantado.

El bar de la plaza

¿Por qué en el bar de la plaza de Lepe ponen avispas en los callos y en las patatas bravas?
   Para que piquen de verdad.

Esquí alpino

¿Por qué los de Lepe no practican el esquí alpino?
   Porque todavía no han encontrado la manera de subirse al pino con los esquís puestos.

Fútbol en Lepe

¿Por qué el equipo de fútbol de Lepe no ha subido a primera división?
   Porque están aprendiendo las sumas.

El fútbol

¿Por qué el equipo de fútbol de Lepe no tiene guardameta?
  Porque pensaron que con un conserje estaría mejor cuidada la portería.

El coro

¿Por qué los de Lepe no tienen coro?
  Porque no les gusta dar la nota.

Barra americana

¿Por qué en Lepe no tienen barras americanas?
  Porque las prostitutas de Lepe no saben hablar inglés.

La baca

¿Por qué los de Lepe ponen hierba encima de sus coches?
  Para subir la «baca».

Chorizos

¿Por qué en Lepe se enseña a robar a los cerdos?
  Para que luego les salgan buenos chorizos.

El canario

Un lepero entra en una droguería.
  —Deme un litro de pintura verde para pintar al canario.
  —¿Dice que va a pintar de verde a su canario? ¡Está usted loco!

—No, es que no me gusta su color.

—Pero, ¿no ve que lo va a matar?

—¡Qué va, hombre!

—Pues yo le digo que sí. ¿Nos apostamos diez euros?

—Vale.

Al cabo de un par de días, el lepero vuelve a la droguería con cara triste y le da los diez euros al dependiente.

—¿Qué, lo mató al pintarlo?

—Pues no. Se murió mientras intentaba quitarle la pintura antigua con la espátula...

Potros

¿Por qué los de Lepe meten potros en los armarios?

Para presumir de que tienen un armario empotrado.

El aeropuerto de Lepe

Se oye por los altavoces del aeropuerto de Lepe:

«Atención, atención. No echen miguitas de pan en la pista, que los aviones bajan solos».

Lepe C. F.

Está jugando el Lepe C. F. contra el Real Madrid. Faltan cinco minutos para finalizar el partido y el Lepe consigue un gol. El entrenador local dice a sus jugadores:

—¡Ahora, aguantá, aguantá!

Y los leperos empiezan a pegar puñetazos a los jugadores madrileños.

El confesionario

Un lepero entra en una iglesia y le dice al cura:
  —Yo quiero un Ford Fiesta
  —Muy bien hijo, pero esto es un confesionario, no un concesionario.

El barbero

Un sevillano entra en una barbería de Lepe y pide que lo afeiten. El barbero, muy nervioso, le hace algún corte y el sevillano empieza a sangrar. Cuando termina el barbero le pregunta:
  —¿Le hago algo más?
  —Si quieres entrar a matar...

Los cuernos

Llega un lepero al infierno y pregunta:
  —¿Dónde están las mujeres?
  —Aquí no hay mujeres —le responde un demonio.
  —Sí, claro, y los cuernos os han salido en una tómbola, ¿no?

El butanero

Un marido lepero le dice a su mujer:
  —Fíjate si es chulo el butanero que dice que se ha acostado con todas las mujeres de este bloque menos con una.
  —Sí, debe de ser la imbécil del tercero —responde la mujer.

Lepero borracho

Llega un lepero borracho a su casa a altas horas de la madrugada y la mujer le pregunta:
—¿Qué horas son estas de venir?
—La una —le responde el marido.
—¿Tú estás seguro de que es la una?
—No voy a estarlo... si el reloj de la iglesia lo ha repetido seis veces.

De borrachera

Están dos leperos borrachos y uno le dice al otro:
—Shiquillo, no sigas bebiendo que te estás poniendo borroso.

Los olivos

¿Por qué plantan en Lepe los olivos junto al mar?
Para que les salgan las aceitunas con sabor a anchoa.

En la farmacia

Entra uno de Lepe a una farmacia y dice:
—Vivaporup.
Responden los demás:
—¡Viva!

Las patillas

En una barbería, el barbero le pregunta a Manolo:
—Manolo, ¿te corto las patillas?

Y responde Manolo:

—¿Y con qué voy a caminar, con las manillas?

En el médico

El lepero en el médico:

—Doctor, cada vez que me tomo un café con leche me duele el ojo derecho.

—Saca la cucharilla de la taza, Manolillo.

La gaviota

—Mira, Manolo, una gaviota muerta.

Manolo mirando hacia arriba pregunta:

—¿Dónde, dónde?

Ignorancia

¿Qué es más ignorante que uno de Lepe?

Pues dos o más...

Olimpiadas

En Lepe están de enhorabuena porque parte de los Juegos Olímpicos se celebran allí. El alcalde realiza el discurso inaugural y empieza:

—O... O... O... O...

—Perdón, señor alcalde, los aros olímpicos no se leen.

De iglesias

¿Por qué las puertas de las iglesias de Lepe son muy grandes?

Para que entre el Altísimo.

En el autobús

Dos leperos:
    —Oye, ¿sabes que engañé al conductor del autobús?
    —¿Y cómo lo has hecho?
    —Pues le pagué y no me monté.

Los semáforos

¿Por qué están en Lepe los semáforos tres o cuatro metros más alto de lo normal?
    Para que nadie se los salte.

Preservativos

¿Por qué los leperos limpian las ventanas con preservativos?
    Para que no entre el polvo.

La inauguración

El alcalde inauguró un nuevo polideportivo en Lepe, y en conmemoración cortaron la red de la pista de tenis.

Heroinómanos

¿Por qué no hay heroinómanos en Lepe?
    Porque no les entra «el caballo» en la jeringuilla.

Meteosat

¿Para qué se ponen los leperos, bien vestidos y arreglados, a las doce del mediodía mirando al cielo?
    Para salir en la foto del Meteosat.

Cuadras

¿Por qué en Lepe hacen las cuadras redondas?
Para que los caballos no cojan la peste «esquina».

El burro

En Lepe:
—Papá, papá, el burro se ha caído al pozo.
—Pues échale paja, que agua no le va a faltar.

La salida

¿Por qué los de Lepe no salen de su ciudad?
Porque a la salida pone: «Huelva».

El baloncesto

¿Por qué en la liga de baloncesto de Lepe, cuando un jugador recibe el balón se le blanquean los ojos y empieza a babear y emitir gruñidos?
Porque el reglamento establece que son cinco segundos de posesión.

En la nevera

¿Por qué los leperos se meten en la nevera?
Porque dicen que son la leche.

En un parto

Dos de Lepe en la maternidad. Al pasar por la planta de partos ven al médico con un recién nacido cogido por los pies y dán-

dole en el culo. El bebé berrea como un condenado y los leperos se asustan.

—¡Jolines, Paco, vaya tortas que pegan a los niños en este
hospital!

—Sí, pero se lo tenía merecido. ¡Mira dónde se había metido!

De gafas

¿Por qué las mujeres de Lepe en vez de gafas llevan una valla?
Porque dicen que tienen los ojos muy saltones.

En la autopista

¿Cómo se reconoce a un conductor lepero en una autopista?
Es el único que lleva, en lugar de cinturón, tirantes de seguridad.

El reloj

¿Por qué los de Lepe atan con cadenas el reloj del ayuntamiento?
Para que no les roben el tiempo.

La torre más alta

¿Por qué en Lepe está la torre más alta del mundo?
Porque no sabían cómo parar la hormigonera.

El polideportivo

¿Por qué en Lepe hay siempre un policía dando vueltas a la plaza?
Porque quieren tener un polideportivo.

Patatas bravas

¿Por qué en Lepe siembran patatas en la plaza de toros?
Para que les salgan patatas bravas.

Papel higiénico

¿Por qué en Lepe los rollos de papel higiénico miden 2 metros más que en el resto del mundo?
Porque van escritas las instrucciones de uso.

El botijo

—¿Sabes? El otro día se murió un lepero.
—¿Y eso?
—Se puso a beber de un botijo, no supo parar el mecanismo y se ahogó.

En la óptica

—Hola buenas, quería unas gafas —dice el lepero.
—¿Para cerca o para lejos?
—Para aquí, para Huelva, más o menos.

Rueda pinchada

¿Cómo se sabe si un conductor con una rueda pinchada es un lepero?
Porque antes de cambiarla saca las cuatro ruedas, una por una, para ver cuál es la que está pinchada.

Bomberos

¿Por qué los de Lepe sólo tienen bomberos tímidos y muy humildes?
    Para que no se les suban los humos.

Peces podados

¿Por qué los de Lepe podan los peces?
    Por las espinas.

Lejía en la cabeza

¿Por qué los de Lepe llevan un cubo de agua con lejía en la cabeza?
    Para aclararse las ideas.

La red

¿Por qué los de Lepe llevan una red en la cabeza?
    Para que no se les escapen las ideas.

Los ancianos

¿Por qué los de Lepe meten a los ancianos en la cárcel?
    Porque les gusta guardar las tradiciones.

En la cocina

¿Por qué los de Lepe tienen a un guardia jurado en la cocina?
    Para evitar las fugas de gas.

La vejez

—¿Cómo podría evitar la vejez?
　—Muriéndote cuanto antes.

Cosas de niños

—¿Por qué los niños aunque vienen de París no saben hablar francés?
　—Por la misma razón que los niños traídos por la cigüeña no saben volar: ambos son muy pequeños para hacerlo.

El príncipe azul

—¿Cómo puedo encontrar al hombre de mis sueños?
　—Siga durmiendo.

Paranoico

Un lepero le manda la siguiente nota a su psicólogo:
　«Le mando mi foto para que usted mismo juzgue y me diga cómo puedo conseguir que los demás dejen de mirarme; me siento perseguido y no aguanto más.»
　Respuesta del psicólogo:
　«Por su foto veo que usted es completamente normal, pero no estaría de más que se vistiera.»

Ridículo

—Creo que mi burro tiene problemas psicológicos —le dice un lepero a un amigo.
　—Pues llévalo al psiquiatra.

—¡Tú lo que quieres es que haga el ridículo!

—No, hombre, no, en Europa muchos psiquiatras tratan animales con problemas psicológicos.

—Ya, pero ¿cómo se lo explico a mi burro para que no se ría de mí?

El pato

Un lepero lleva a su pato bajo el brazo y se dispone a subir al tren cuando el revisor le dice:

—El pato no puede subir.

—Claro, por eso lo llevo en brazos.

Buen servicio

—Ahora vengo, niña, voy a la oficina de correos de Huelva a poner una carta —le dice un lepero a su mujer.

—Pero, Pepe, si en un pueblo tenemos oficina de correos...

—Ya, pero es que esta carta va para Huelva.

Peluquerías

¿Por qué en Lepe no hay peluquerías?

Porque no les gusta que les tomen el pelo.

Ratón católico

¿Por qué los leperos meten un ratón católico en cada libro?

Para tener «fe de ratas».

Coche con pelo

¿Por qué en Lepe les dejan crecer el pelo a los coches?
Para que, como Sansón, tengan más fuerza.

Agua de mar

¿Por qué los leperos beben agua de mar?
Para ser más salados.

Las zapaterías

¿Por qué en Lepe tienen gatos en las zapaterías?
Para que se reproduzcan con las alpargatas.